BIRKHÄUSER ARCHITEKTUR BIBLIOTHEK

Herausgegeben von Martina Düttmann

Robert Harbison

Robert Harbison wurde 1940 in Baltimore, Maryland, geboren und studierte an der Cornell University Kulturgeschichte, Literatur und Kunstgeschichte. Der Empfänger zahlreicher Stipendien und akademischer Auszeichnungen lehrte am Museum of Modern Art, New York, der Universität von Toronto, der Stanford University und der Cornell University. Robert Harbison lebt seit 1971 in London und lehrt dort an der Polytechnic of North London und an der Architectural Association Kunstgeschichte. Neben zahlreichen Beiträgen für Architekturzeitschriften ist er Autor der Bücher *Eccentric Spaces, Deliberate Regression, Pharaoh's Dream, The Italian Garden* und *Lectures from the Mind of the Engineer*. Seine originellen Fragestellungen haben Robert Harbison berühmt gemacht: Er greift Themen auf, die die traditionelle Architekturgeschichte nur zu leicht vergißt; in dem vorliegenden Buch das Thema der architektonischen Bedeutung.

Robert Harbison

Das Gebaute, das Ungebaute und das Unbaubare

Auf der Suche nach der architektonischen Bedeutung

Aus dem Englischen von
Christian Rochow

Birkhäuser Verlag
Basel · Berlin · Boston

Die Originalausgabe erschien 1991 unter dem Titel «The Built, the Unbuilt and the Unbuildable» bei MIT Press, Cambridge, Massachussetts, USA.
© 1991 Robert Harbison.
Published by arrangement with Thames and Hudson, London, Great Britain.

Danksagung des Autors

Ich danke dem University College der Universität von Toronto, besonders Peter Heyworth und Peter Richardson. Eine Version dieser Ausführungen erschien dort im Rahmen der *Teetzel Lectures* im Jahre 1986. Auch der Architectural Association School of Architecture und ihrem Präsidenten Alvin Boyarski bin ich zu Dank verpflichtet. Peter Salter danke ich für seine Informationen zum Thema Struktur, und schließlich auch Robin Middleton, der das Projekt, ein Buch daraus zu machen, in Gang brachte.

Umschlagentwurf: Friederike Schneider

Die Deutsche Bibliothek – CIP-Einheitsaufnahme

Harbison, Robert:
Das Gebaute, das Ungebaute und das Unbaubare : auf der Suche nach der architektonischen Bedeutung / Robert Harbison. Aus dem Engl. von Christian Rochow. – Basel ; Berlin ; Boston : Birkhäuser, 1994
  (Birkhäuser-Architektur-Bilbiothek)
  Einheitssacht.: The built, the unbuilt and the unbuildable <dt. >
  ISBN 3-7643-5051-2

© 1994 der deutschsprachigen Ausgabe: Birkhäuser Verlag, Postfach 133, CH-4010 Basel, Schweiz
Gedruckt auf säurefreiem Papier, hergestellt aus chlorfrei gebleichtem Zellstoff
Printed in Germany
ISBN 3-7643-5051-2

9 8 7 6 5 4 3 2 1

Inhalt

Inhalt

Die museale Obsession als Krise der europäischen Weltanschauung – Vermeers Kunst der Dekomposition – Zerbrechende Bildgestalt im Protestantismus, aber auch bei El Greco – Zentrifugale Organisation bei Brueghel – Das Zentrum auf der Suche nach dem Nichtsein: Fabritius, Degas – Mondrian und die reine Struktur – Baukunst des Unsichtbaren

Vorwort

Dieses Buch behauptet, daß auch die handfestesten Tatsachen der Architektur bis zu einem gewissen Grad fiktional sind. Wie viele andere Werke der Kunst haben auch Gebäude etwas Virtuelles, etwas Imaginäres. Zwar pflegen sie nicht wie Gedanken zu verschwinden, sind aber doch, weil mit Bedeutung befrachtet, keineswegs so sicher und eindeutig, wie sie gewöhnlich erscheinen. Bedeutungen sind, anders als Steine, vergänglich und mißverständlich; sie sind an Kulturen gebunden, die schwinden oder tiefgreifende Veränderungen erfahren.

Gemälde sind zwar weniger nützlich als Gebäude, dafür aber ist ihr Gebrauch genauer umschrieben. Dennoch sind auch sie nicht gänzlich gegen eine Veränderung im Umgang mit ihnen geschützt: Die wichtigsten religiösen Gemälde der europäischen Kultur wurden säkularisiert, in feindliche, unsakrale Umgebungen verbracht, manchmal sogar in neue Formate zerschnitten. Gebäude verlieren durch veränderten Gebrauch, oder durch Mißbrauch, ihr Gesicht; und es kann sehr schmerzlich sein, ansehen zu müssen, wie sie ihre ursprüngliche Bedeutung verlieren oder ablegen müssen.

Es gibt Architekten, die sich mehr als viele andere damit beschäftigt haben, wie die Bedürfnisse, die einem Gebäude zur Existenz verhelfen, seine Form begrenzen und es bereits binnen kurzem zum Veralten verdammen. Ihnen verdanken wir einige unschätzbare Überlegungen, wie den Begrenzungen, die der Architektur als Kunst gesetzt sind, zu entkommen ist, und darin liegt der überzeitliche Rang ihrer Schöpfungen.

Dieses Buch untersucht einige der bewußt oder unbewußt eingesetzten Mittel, womit sich Gebäude funktionalen Zwängen entziehen oder sie, indem sie sie erfüllen, überschreiten. Das ist eine romantische Näherungsweise an die höchst praktische Kunst der Architektur. Welchen historischen Zeitpunkt auch immer man auswählt, man wird die Mehrzahl der Praktiker mit einer solchen Beschreibung ihres Handwerks irritieren, wenn nicht gar in Wut versetzen. Dafür gibt es auch eine ganze Menge guter Gründe. Bis vor kurzem hätte sich kein Auftraggeber an einen Architekten gewagt, der sich mit seiner Arbeit ausdrücklich einer ganz persönlichen Sprache verschrieben hätte. Übrigens, die meisten Bauwerke gehören nicht wirklich der Architektur an. Und was noch wichtiger ist: Dem Architekten, der über seine künstlerischen Mittel während seiner Arbeit nachdenkt, kann es gehen wie jemandem, der sich beim Gehen fragt, wie er seine Füße setzt, oder beim Sprechen, wie seine Worte – die Praxis verfängt sich in ihrer Reflexion wie in einer Schlinge.

Der hier unterstellte Kampf zwischen Kunst und Nutzen ist jedoch bloß eine Abschweifung. Ich werde mir erlauben, mich mit den Paradoxien und Ironien der Funktion zu beschäftigen. Nicht daß es mich langweilte, wenn etwas angemessen funktioniert, aber die «Fehlfunktionen» bilden ein wichtiges

Element in der Geschichte der menschlichen Zielstrebigkeit, bei der Gestaltung bestimmter Dinge für bestimmte Aufgaben, aber auch bei der Veränderung von Vorstellungen, wie das Leben zu leben sei und welcher Mittel es bedarf, um dies auf bestmögliche Weise zu tun.

Es läßt sich – ohne die Wahrheit übermäßig zu strapazieren – durchaus sagen, daß Gärten, Denkmäler und Ruinen, diese zugleich imaginärsten und am wenigsten zweckverhafteten Bauwerke, zugleich auch Maschinen sind, welche wesentliche Dienstleistungen vollbringen und heute zu einem unersetzlichen Bestandteil der Ausstattung des menschlichen Lebens geworden sind. Es gibt Dinge, ohne die das Leben nicht vorstellbar wäre, und diese drei gehören sicherlich nicht dazu. Hält man aber nach Kulturen Ausschau, die auf eine dieser Gattungen von Bauwerken verzichtet haben, dann muß man erstaunlicherweise schon sehr lange suchen. Wer solche Dinge liebt, ist versucht, verzweifelte Anstrengungen zu unternehmen, um ihre Ansprüche zu verteidigen: Gegen den Anschein wird er behaupten, sie erwiesen sich als die nützlichsten Dinge der Welt – für unser seelisches Wohlbefinden, oder aber: Zweckfreiheit sei die erhabenste aller menschlichen Bestrebungen, und Kunst erfülle sich im freien Spiel, Welten entfernt von jedwedem verzweifelten gesellschaftlichen Engagement.

Ich werde hier Architektur fast ausschließlich unter den extremsten Blickwinkeln betrachten, die ich nur habe auffinden können, Blickwinkel, die der gewöhnlichen Logik und Nützlichkeit spotten. Ich glaube, daß die Ecken und Kanten uns den sichersten Weg ins Zentrum weisen, und ich habe eine große Vorliebe für Ausnahmen und Absonderlichkeiten, die einzigartig oder nicht einzuordnen sind. Aus einem ähnlichen Verlangen heraus lockere ich hier oft die Begrenzungen einer Kategorie. Deshalb wird der Leser hier manchmal Themen und Motive metaphorisch behandelt finden: Die Betrachtung von Festungsanlagen führt zur Fortifizierung von Kirchen und Gefängnissen, führt bis hin zu den Variationen über die architektonischen Merkmale der Festung in der Wunderwelt der Elisabethanischen Landhäuser. Die hochfliegenden Entwürfe der Stadtplanung führen mich teils zu phantastischen Scheinwelten, wie Portmeirion, das im Dienst der Architektur geschaffen wurde, oder Williamsburg, das als Monument der nationalen Geschichte entstand, oder Disneyland, das nichts ist als eine kindische Belustigung. Wir entdecken in allen Fällen einen ähnlichen gestalterischen Impuls, der an überraschenden Plätzen der Welt neue Formen aufprägt. Ich lasse mich von dem Gedanken leiten, daß sich mit Naivität beim Architekten ebenso wie beim Betrachter gelegentlich Wahrheiten entdecken lassen, die dem Experten, die dem geschulten Auge verborgen bleiben.

Alles beginnt mit den Gärten, diesen zutraulichsten und unschuldigsten aller menschlichen Anlagen. Wenn man sie aber genau betrachtet, ist man versucht, diese Unschuld als *angeblich* zu bezeichnen, denn hier wird der unerklärte Krieg zwischen Architektur und ihrem Widerpart, der Natur, zwischen Wachstum und Ordnungswille als köstliche Harmonie präsentiert. Hier wird mit dem Gedanken gebuhlt, die Kunst verschwinden zu lassen, hier werden Prinzipien gehegt, die jeder Form feindlich gesinnt sind – Prinzipien der Irregularität, der Veränderung, des Zerstörungstriebs. Darin liegt die Hybris des Gartens, daß er glaubt, er könne tatsächlich die Unbeherrschbarkeit der Naturgewalten veredeln oder in Szene setzen, als ob es ein Drama wäre und die Darsteller wilde Tiere.

Die Geschichte all jener Anstrengungen, mit denen man versucht hat, nichtmenschliches Leben als Kunst zu gestalten, wird sodann um einige der Beispiele erweitert, bei denen Bauten die Eigenschaften von Lebewesen zugewiesen wurden, wie in der organischen Architektur der englischen Arts and Crafts im 19. Jahrhundert oder in den Schöpfungen des katalanischen Exzentrikers Gaudí. Einfach nur trocken festgestellt, klingt es paradox: Das Verlangen, Architektur den biologischen Gestaltungen, die unsern eigenen vorangehen, wieder anzugleichen, ist durchaus weit verbreitet und nur ein Weg der Kunst unter vielen anderen bei dem Versuch, primitive Stadien in der Geschichte der Gattung oder der Individuen wiederzuerschaffen, wobei die Resultate notwendigermaßen hochgradig hypothetisch ausfallen.

Denkmäler stehen den Gärten zugleich besonders nahe und besonders fern; fern in ihrer Festgelegtheit und Dauer, nah hinsichtlich ihres zufälligen und willkürlichen Charakters. Häufig bilden sie den einzigen Anker im grünen Meer des Gartens; der unter den Bäumen ziellos daherschlendernde Besucher hält sich an sie, wenn ihm der Sinn nach einer festen Bezugsgröße steht.

Wie selbstgewiß und doch wie völlig fiktional sind die meisten Denkmäler! Wenn man zum Beispiel die verschiedenen Denkmäler für George Washington untersucht, findet man in ihnen einander gänzlich widersprechende Botschaften ausgedrückt. Das *Verlangen*, überhaupt etwas zu symbolisieren, setzt sich vor den spezifischen Gehalt, jedoch sammeln sich kleine Abweichungen an und geben ihren Kommentar zu der in solchen Enklaven gepredigten Größe, Leere und Monotonie.

Das Denkmal reicht vom Persönlichen zum Kollektiven, von der Behausung eines großen Mannes oder eines Schutzheiligen – den Lieblingsorten für den Reliquienhandel – bis hin zu den Ehrenmälern eines Schlachtfelds, die Schweigen gebieten. Selbst bei den Anti-Denkmälern läßt sich der geschwätzige Oldenburg gegen den wortkargen Christo absetzen. Eines der jüngsten Denkmäler bringt beide Enden der Skala zusammen: Das Washingtoner Denkmal für den Vietnamkrieg ist bildlos, ganz Wort, es drückt Erschütterung und Verwirrung, nicht Anmaßung aus, bedient sich keiner hohlen Rhetorik, aber spricht bis zur Erschöpfung. Es gewinnt die Universalität der Aussage, die Monumente dieser Art immer suchen und selten finden.

Denkmäler befinden sich auf manchmal *törichten* Höhen, sie bewohnen die Zinnen der Energie des Symbolisierens. Deshalb kann man von ihnen zu anderen Themen, zu anderen Typen des baulichen Gestaltens nur *herabsteigen*. Das Festungsbauwerk läßt sich als Verbindung eines Maximums an monumentalem Mauerwerk mit einem Minimum an symbolischem Inhalt ansehen, als praktische Verteidigungsmaßnahme mit dem Gebäude als überbleibendem Kommentar. Heute sind noch vorhandene oder auch bloß teilweise noch vorhandene Anlagen zu monströsen Denkmälern geworden, die Heerscharen von Touristen zu ihrer Eroberung herausfordern.

Die Geschichte der Festungsbauwerke nennt zahlreiche Künstler, denen befohlen wurde, sie zu entwerfen. Und sie zeigt die Rückkehr zu primitiveren Formen unter dem Einfluß des Fortschritts der Waffentechnik. Seit mehreren Jahrhunderten finden Formen aus der Militärarchitektur nichtmilitärische, symbolische Verwendung in Kirchen, Gefängnissen, Privathäusern oder den öffentlichen Bauten des Faschismus.

Es scheint mir auch nicht unberechtigt, die Wurzeln der herausragendsten aller Städtebauprojekte, der Idealstädte der Renaissance, in militärischen Überlegungen zu suchen. Die uns erhaltenen interessanten Anlagen wie Palmanova, Pienza, Richelieu oder Chaux sind alle unvollständig oder zu groß geplant, sie sind leer an den Ecken oder leer im Zentrum – unfruchtbare Einzelgänger unter den Städten.

Von diesen Alpträumen von Planung und steriler Hypothese geht es weiter zum ungeplanten Verfall, zur Kunst, die zur Erde zurückkehrt, von der sie gekommen ist, zum Tod der Architektur, kurz: zu den Ruinen. Bis jetzt haben wir uns noch, wenn auch vage, mit bestimmbaren Typen von Bauten befaßt. Ruinen aber bezeichnen nicht einen Typus, sondern einen Zustand von Gebäuden. Manchem Beobachter könnte die gesonderte Untersuchung von Ruinen genauso absonderlich scheinen, als interessierte sich jemand ausschließlich für grüne oder spitzgieblige Bauten. Aus einer bestimmten Perspektive betrachtet, ist die Eigenschaft von Ruinen sogar noch zufälliger: Ruinen sind einfach Gebäude, *die der Reparatur bedürfen*, oder, schlimmerenfalls, abgerissen werden müssen. Dem widerspricht bloß, daß wir es einige Jahrhunderte lang ganz anders gesehen haben.

Tatsächlich ist die Frage der Ruine eine empfindliche Lackmusprobe auf die in diesem Buch vertretene Architekturbetrachtung. Ruinen sind ein so überwältigendes Beispiel für Architektur, die hauptsächlich im Kopf oder im Auge des Betrachters existiert. An fernen, unbewohnten Orten werfen Ruinen keine Probleme auf, sie rufen höchstens Reaktionen unterschiedlichster Art hervor. Von Ruinen im schottischen Hochland oder auf walisischen Hügeln läßt sich sagen, daß sie eine Art des Sehens sind oder ein Seelenzustand.

Doch dann kommt man in die Stadt. Und hier wird es schwieriger zu begründen, warum größere Flächen nutzbaren Lands bloßen *Überbleibseln* überlassen werden sollten, bloßen Stimuli für die Imagination von Geschichte. Der Verdacht einer Verschrobenheit umwittert den Ruinenliebhaber, wie jene römischen Mönche des 18. Jahrhunderts, die sich Zellen in der Gestalt von Ruinen errichteten, oder wie Sir John Soane, der sein Londoner Haus nach dem Vorbild von Ruinen entwarf und nicht nach dem Vorbild von Bauten. Anders gesagt: Sein Vorbild waren gescheiterte Bauten. Die Rechtfertigung liegt darin, daß unsere Geschichte ihren Lauf genommen hat und der Verfall ein Teil des Lebens ist. Die Gebirgszüge, diese sublimsten Landschaften, sind in langsamer Auflösung begriffene Welten. Die Geologie zeigt viele natürliche Parallelen zu den menschlichen Methoden, Steine aus alten Gebäuden in neuen zu vermauern oder alte Einzelteile in neuem Zusammenhang zu verwenden. Die Vergangenheit befruchtet die Gegenwart; wenn sie sich aber wild auf sie stürzt, wirkt sie wie ein lähmender Fluch.

In mancher Hinsicht stellen die Überbleibsel industrieller Bauten heute den Testfall dar. Ein Piranesi der Gegenwart würde sich an aufgelassenen Docks, Fabriken und Walzwerken geradezu berauschen. Hier werden Arbeit und Macht, wie ein neu belebter Aberglaube, in Szene gesetzt; ausgeübt werden sie allerdings besser in den High-Tech-Bauten eines Richard Rogers als in den alten Fabriken, deren reales Stampfen und Dröhnen niemals so pittoresk war wie das durch die Erinnerung gefilterte.

Das letzte Kapitel wendet sich dem Thema des fiktionalen Raums direkt zu. Es strebt weiter von der eigentlichen realen Architektur weg und nähert sich damit entschiedener dem eigentlichen Ziel des Buches. Das Buch endet am problematischsten aller Orte, dort, wo nach dem Unmöglichen gestrebt wird. Der nächste Schritt über das hinaus, was wir bis dahin betrachtet haben, wäre das Unbaubare; jenseits davon befindet sich nur mehr das Unvorstellbare, welches wir im Hinweis auf einige Erzählungen Kafkas andeuten wollen.

Die Definition des Unbaubaren erweist sich als schwerer denn vorhergesehen. Manche Dinge, die existieren, sind weiter hergeholt als andere, die keine Existenz haben. Vorhandene Gebäude können fiktiv sein, das heißt auf eine bestimmte Weise unbewohnbar und damit eigentlich unrealisierbar.

Irgendwann kommt man auf den Gedanken, daß die verschiedenen Formen des Kampfes gegen die physische Unmöglichkeit wesentlich interessanter und eine viel treuere Abbildung dieser Idee sind als die simple Nicht-Existenz. Man gewöhnt sich an die Dinge, die beim ersten Anblick unmöglich erschienen, ohne daß man je verstünde, wie sie vollbracht werden konnten. Und doch gibt es da gewisse Erscheinungen, wie die Kuppel der St. Paul's-Cathedral zum Beispiel, die uns immer wieder und jedesmal neu in Erstaunen versetzen, gleichgültig wie lange sie schon existieren und wie oft sie mittlerweile auch an Größe übertroffen worden sein mögen. Die Gründe für dieses Erstaunen haben mehr mit der Beschaffenheit des menschlichen Geistes zu tun als mit den technischen Großtaten, die solche Dinge hervorgebracht haben.

Für Randy und zum Gedächtnis an Kathy

Gärten

Alle Kunst ist vergänglich. Ihre Hintergründe, ob Leinwände, ob Sprachen oder Gewohnheiten, zerfallen oder werden allmählich unverständlich. Am schnellsten von allen Kunstwerken schwinden die Gärten. Heute existiert kein einziger Garten aus dem Sechzehnten Jahrhundert mehr; es gibt lediglich Rekonstruktionen des Zwanzigsten Jahrhunderts, die sich auf gedruckte Quellentexte stützen. Gewiß dürfen unsere Ansprüche hinsichtlich dessen, was als authentisch gelten kann, vage sein. In den meisten Kathedralen findet der Besucher neue Steine in altes Mauerwerk eingefügt. Dem Fachmann ist dabei die Hand des Restaurators deutlich erkennbar; Laien dagegen können die Ausbesserungen durchaus als die Ungefügigkeit mittelalterlicher Handwerker lesen. Zudem gehen die Reparaturen in der Überfülle von Einzelheiten unter: Wie viele Touristen werden je die Porträts der Restauratoren des Neunzehnten Jahrhunderts an der westlichen Fassade der Kathedrale von Laon entdeckt haben, die sich dort in Stein verewigt haben?

Bei Gärten geben wir uns mit einem geringeren Maß an Authentizität zufrieden. Das Leben eines guten Mauersteins bemißt sich nach Jahrhunderten, hingegen haben nur wenige Pflanzen eine längere Lebensdauer als Menschen, und wenn, dann wachsen sie über die vom Gärtner vorgesehene Größe und Form hinaus. Aus Pedanterie wurden Gärten angelegt, in denen nur Pflanzen vorkommen, die zu Shakespeares (oder Popes oder Josephine Bonapartes) Zeiten beliebt waren, aber niemand würde auf die Idee verfallen, diese Pflanzen nach elisabethanischen, klassizistischen oder Empire-Methoden zu pflegen und zu züchten. Bei der Betrachtung der Parterres aus dem 16. Jahrhundert gewinnt man den Eindruck, Pflanzen dieser Art *wüchsen* heute anders. Es scheint, eine mehr sinnbildliche Betrachtungsweise von Pflanzen habe Einfluß darauf gehabt, wie man sie einpflanzte, beschnitt oder ihren Wuchs unterstützte. Unseren sorgfältig gehegten Nachbildern scheinen somit wesentliche Charakteristika der Originale zu fehlen.

Nicht daß solche Bemühungen um Nachgestaltung sinnlos wären. Die Parterres von Versailles und der Irrgarten von Hampton Court sind zwar rekonstruiert, und dennoch bleiben sie die lebendigsten Zeugnisse der Weltbegegnung ihrer Schöpfer und damit Schlüsseldenkmäler für die Geschichte der Kunst und des menschlichen Bewußtseins. Es scheint uns, als wären wir den Hofleuten des 17. Jahrhunderts näher, wenn wir sie uns beim Spielen in baumumstandenen Alleen vorstellten, statt als Teilnehmer prunkvoller Zeremonien in von Spiegeln gesäumten Räumen. Das hat mit unserer neuerdings verbreiteten, seltsamen Vorliebe für die Alltagsgeschichte zu tun. Geschichten am Rande und alltägliche Menschen haben größere Realität als Zentren und berühmte Persönlichkeiten, die so bar aller Geheimnisse erscheinen. Im weitesten Sinn ist auch dies ein Glied in der Kette der Veränderungen des Denkens und Fühlens, die den englischen Landschaftsgarten als Gegenstück zum französischen Park hervorbrachte.

Für jemanden, der aus einer anderen Kultur kommt, mag es sich anders darstellen, aber für uns Europäer gibt es eigentlich nur zwei Typen von Gärten. Seit dem 18. Jahrhundert unterscheiden wir zwischen formalen und informellen, zwischen französischen und englischen, klassischen und romantischen Parks. Mit ihnen verbinden sich auch politische und soziale Vorstellungen: Zwang versus Freiheit, autoritäre Herrschaft versus Demokratie. Schauen wir jedoch genauer hin, dann finden wir durchaus einen Austausch ihrer Eigenschaften: Der natürliche englische Landschaftsgarten zeigt mehr Kunst und der rigide französische Park mehr Einläßlichkeit, als dies die Gattungsbestimmungen je erwarten ließen.

In Sceaux bei Paris zum Beispiel, einem Garten Le Nôtres, der nur ohne Schloß (das während der Französischen Revolution zerstört wurde) erhalten blieb, sieht man «Bäume zu Statuen geschnitten, und Statuen wie ausgewachsene Bäume», wie es bei Alexander Pope so wundervoll heißt. Die Leser haben in diesen Zeilen verständlicherweise eine Verdammung dieses Stils gesehen, eine Zurückweisung jener harschen Kontrolle über die Pflanzenwelt; doch bleiben die Zeilen deshalb so lebhaft im Gedächtnis, weil in ihnen eine metaphorische Verflechtung von Kunst und Natur geleistet wird – die größte und wahrhafteste Annäherung an einen magischen und höheren Grad der Realität in unseren späten Zeiten, wo die Gottheit nicht mehr tatsächlich in Wäldern und Flüssen erscheint.

In Sceaux finden sich Eiben, die zu Säulen geschnitten sind und ein dachloses Bauwerk bilden, das ein viereckiges Wasserbecken umrahmt. So sieht es jedenfalls aus der Ferne aus; beim Näherkommen entdecken wir, daß die lange Wasserfläche sechseckige Enden besitzt und einen uns anfänglich verborgenen Querarm, wodurch der Weg auf der einen Seite erheblich länger wird als auf der anderen. Die Regelmäßigkeiten der Parks verschwinden, sobald man in sie eintaucht. Jede der konisch zugespitzten Eiben wächst, wie sie will, auch wenn sie erst gestern wieder zurückgestutzt wurde. Die eine wächst zu schnell, eine andere wird braun: die ganze Gradlinigkeit zerfleddert, bevor der Gärtner wieder des Weges kommt.

Die Begrenzung der Wasserfläche verwandelt sich in noch unerwarteterer Weise. Wenn wir um die Ecken herumgehen, scheint ihre Größe zu wachsen oder sich zusammenzuziehen; ebenso, wenn ein leichter Wind die Reflexion der Sonnenstrahlen stört, die über die Begrenzungen der Wasserfläche hinausfallen, wie Teig aus einer Pfanne spritzt. Nur die Erinnerung an den klaren Umriß, den wir von fern sahen, macht unsere Beobachtung hier eindeutig und klar und bewahrt uns gleichzeitig davor, uns in einer Wildnis aus Schatten zu verlieren.

So jedenfalls kann man es an Tagen erleben, an denen Wolken geschwind über die Teiche dahinziehen. Wie alle anderen Landschaftsgärten

Blick auf die Reihen
zugeschnittener Eiben
im Park von Sceaux.

sind auch die französischen Parks in ihrer Wirkung von den Zufällen des Wetters abhängig. Das fehlende Dach gibt ihnen eine phantastische Freiheit, erlaubt ihnen, riesig, linkisch, unverantwortlich zu sein; zugleich aber müsssen sie die machtvollen Gewalten anerkennen, die alle von ihnen ausgeübte Kontrolle überragen.

Le Nôtre und seine Zeitgenossen vergrößerten den Maßstab der Gärten gegenüber ihren Vorgängern. Zugleich vereinfachten sie die verwendeten Komponenten – zwei Entwicklungen, die gemeinhin als Bewegungen hin zu herzloser Klarheit gedeutet werden. Doch sieht man einmal ein wenig vom Grundriß ab und überläßt sich dem Augenblick, dann kann man in Le Nôtre einen der großen Gestalter von beseelter Landschaft erkennen, einen Praktiker in der modernen Kunst der Diskontinuität.

Selbst die diktatorischsten Gärten dieses Typus bringen manchmal den Beobachter mit Arrangements, die wie optische Illusionen wirken, ins Wanken. In Rambouillet tauschen die Substanzen in nervenzehrender Weise ihre Plätze miteinander: Wo Kies sein sollte, ist plötzlich Wasser, und unvollendete Handlungen von Marmorfiguren verlieren sich in die Weite. Heute ist es fast unmöglich, diese Wahrnehmungen zurückzugewinnen. Womöglich wären die

Im Park von St Cloud.
Photographie von Eugène Atget
(1857–1927)

seelischen Subversionen, die diese Parks vollbringen, immer noch unbemerkt, hätten nicht Künstler wie Eugène Atget – als Photograph ihr bester moderner Interpret – hier, an diesen unproblematischen Orten, fast reinen Surrealismus entdeckt.

Seine Ansichten von St. Cloud, von Versailles oder Sceaux sprechen von Sehnsucht und Verlust. Er besucht diese Orte zu idealen Zeiten, noch bevor die anderen kommen, kurz nach der Morgendämmerung, oder zu Zeiten, wo es nicht populär ist, sich im Freien zu ergehen, zu Anfang des Herbstes oder zu Ende des Winters. Kalkweiße Figuren streben über eine formlose Wasserwüste aufeinander zu, sehnsüchtig nach einer Vereinigung, die es nicht geben wird. Eine einsame steinerne Beobachterin beklagt, mit dem Rücken zur Kamera, den Rückzug der spiegelnden Wasserfläche zu ihren Füßen, die austrocknet und so vor ihr zurückzuweichen scheint. Natur und Kunst verfolgen einander und fliehen auf den gleichen Verfall zu. Atget entdeckt diese Parks als Orte des

Atgets Photographien erwecken häufig
den Anschein von Trauer und Vergänglichkeit:
Im Park von Sceaux.

Vergehens, wo sich die winzigsten Regungen des Verfalls mit Muße beobachten lassen, weil die Verlangsamung der Zeit hier die Unausweichlichkeit um so
greifbarer macht.

Die gestimmte Beobachtung erlebt selbst die monotonsten formalen
Arrangements als im Fluß begriffen. Die endlosen Alleen in Caserta können
gleichermaßen als ein Alptraum von Bewegung oder als vollkommener
Stillstand erfahren werden, als autoritärer Zwang oder als ozeanische
Ganzheit. Mehr noch als Gebäude erlauben – aus vielleicht verständlichen
Gründen – auch bis ins Letzte durchkomponierte Gärten verschiedene Arten
der Wahrnehmung. Selbst in stark strukturierten Gesellschaften, sogar an
absolutistischen Höfen, waren die Parks Orte der Entspannung. Die Ansichten
von Hampton Court aus der Vogelschau zeigen zwei völlig verschiedene
Erfahrungen beim Kommen und beim Gehen: Sammlung im Brennpunkt und
Zerstreuung im Nirgendwo. Beim Verlassen des Schlosses sieht man sich

17

Wegen gegenüber, die in eine kontrollierte Unendlichkeit austrahlen. Geht man einen dieser Wege zu Ende oder auch nur ein Stück weit und wendet sich dann um, sieht man plötzlich alles mit Gewalt in einen Brennpunkt gezogen. Alle Wege führen nun plötzlich zum gleichen Ziel: wieder in das Gebäude hinein. In dieser gigantischen Form mag das vielleicht von monarchischem Machtwillen künden, aber etwas Vergleichbares steht am Ende jedes Besuchs in einem verlockenden Garten, wie klein er auch sei. Die Illusion des Zuhauseseins in der Natur läßt sich so weit, aber nicht weiter, treiben. Selbst jemand, der in seinem eigenen Garten «arbeitet», daß heißt, der zu dieser Fiktion dadurch beiträgt, daß er landwirtschaftliche Tätigkeit imitiert, muß zuletzt die Willkürlichkeit dieser Tätigkeit eingestehen und zu notwendigeren Aktivitäten zurückkehren. Das Gärtnern auf dem eigenen Besitz gehört zu einer speziellen Kategorie von «Arbeit», genau wie Marie Antoinettes Tätigkeit in ihrer Meierei. Gewiß ist irgendwo schon einmal der Besitzer eines Parks von einem stürzenden Baum erschlagen oder von einer Flut hinweggespült, vielleicht ein Unglücklicher sogar einmal von einem Bären gefressen worden, während er seinen höchst privaten Pfad der Zivilisation über das Antlitz der Erde zog – trotzdem können die meisten von uns nur auf ganz unernste Weise als Zivilisatoren bezeichnet werden.

Auch wenn es stimmte, daß Gärten uns fast immer nur das gleiche erzählen, bleibt der englische Landschaftsgarten des 18. Jahrhunderts eine der revolutionärsten Ideen in der Geschichte der Menschheit. Es handelt sich um eine organisierte Gestalt, die so tut, als wäre sie keine. Scheinbar wahllos sind Punkte darin ausgezeichnet, die sich aber doch summieren lassen, weil der Landschaftsgarten auf subtile Art und Weise zentriert ist. Bei Stourhead in Wiltshire lugt eine zauberhafte Kollektion von Miniaturgebäuden unter den Bäumen an den Rändern des zerklüfteten Teichs im Zentrum hervor. Von verschiedenen Aussichtspunkten aus ist jedes dieser Ornamente ganz oder teilweise versteckt, doch abgesehen davon, daß diese Möchtegern-Gebäude weit verstreut liegen, ist kein Bemühen sichtbar, ihre frivole Vielfalt an Stilen zu verbergen. Früher war dieser Zoo noch seltsamer, als er das heute ist: das Haus aus Wurzeln und die chinesische Hütte existieren nicht mehr. Doch auch heute noch kann man auf einer Bank vor einem gotischen Landhaus sitzen und von dort aus auf ein Pantheon schauen, welches sich fern genug erhebt, um römisch und nicht liliputanisch zu wirken, oder auf die Grotte, das primitivste Bauwerk von allen, das statt Fenstern bloß grob herausgehauene Löcher in den Wänden hat, die jedoch überraschende Aussichten eröffnen. Auf anderem Wege zeigt sich eine übriggelassene Dorfkirche. (Das zugehörige Dorf wurde abgerissen und an einen anderen Ort hinter den Abhang verlegt, wo es den ideal-arkadischen Eindruck der Parkanlage weniger stört). Dieses Kirchlein ist ein authentisches, kein nachgemachtes Stück englischer Geschichte und dennoch ein Exponat in diesem Freiluftmuseum: Von der vergangenen bäuerlichen Kultur

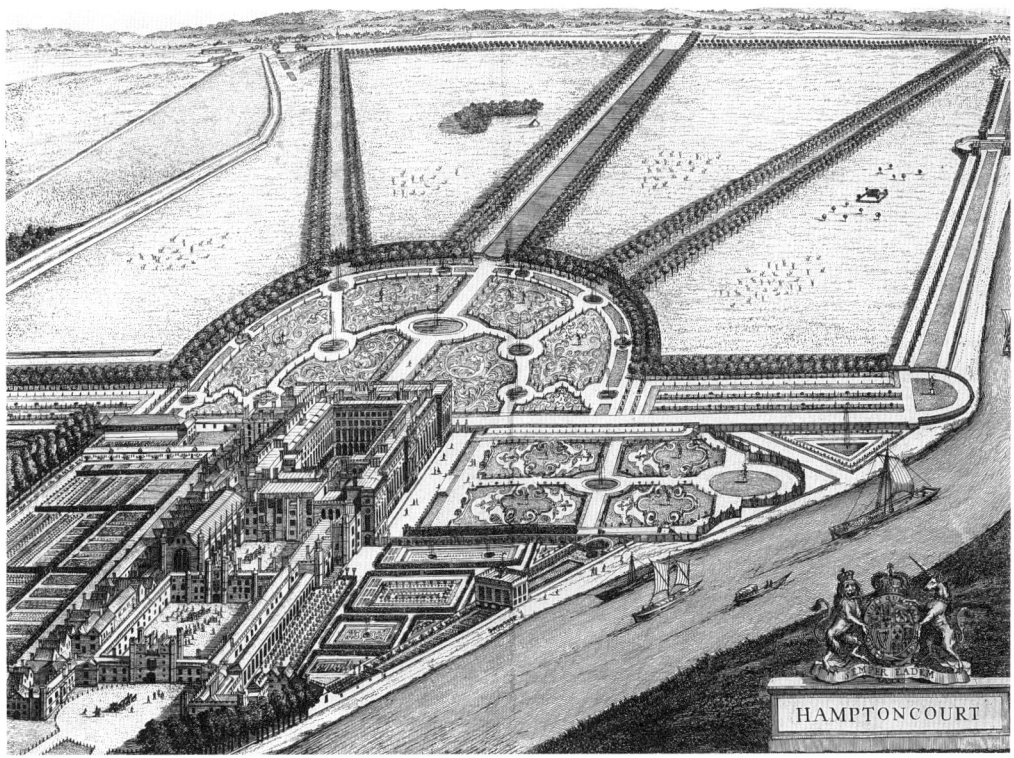

Hampton Court und sein Park
aus der Vogelschau;
Kupferstich aus dem Jahr 1720.

will man hier nichts bewahren als ein passendes Schmuckstück. Vielleicht sind einst pittoresk aufgemachte Dorfbewohner über die kunstlose Brücke gezogen, um einem der Ihren das letzte Geleit zu geben. War er auf dem Kirchhof beerdigt, wurde er dann nicht zu einer weiteren Trophäe des Parkbesitzers und sein Grabstein zu einem Ort mehr für melancholische Reflexion? Verbürgt ist jedenfalls, daß der Besitzer bei Spaziergängen durch den Park Diener in mönchischer Gewandung vorausschickte, um seine Besucher am gotischen Häuschen zu überraschen (und sie womöglich zu bewirten), so als könnte man bei einem Ausflug in diesem Gefilde tatsächlich über echte Eremiten stolpern.

Es gibt ein interessantes zeitgenössisches Dokument aus dem Jahr 1779, einen Plan Stourheads, gezeichnet von dem Schweden F. M. Piper, der uns mit seiner zeichnerischen Notation der verschiedenen Aussichtspunkte verdeutlicht, wie sehr diese Gärten einst von einer willfährigen Vorstellungskraft abhingen. Wo heute große Bäume Gebäude und Landschaft einhüllen und alle

19

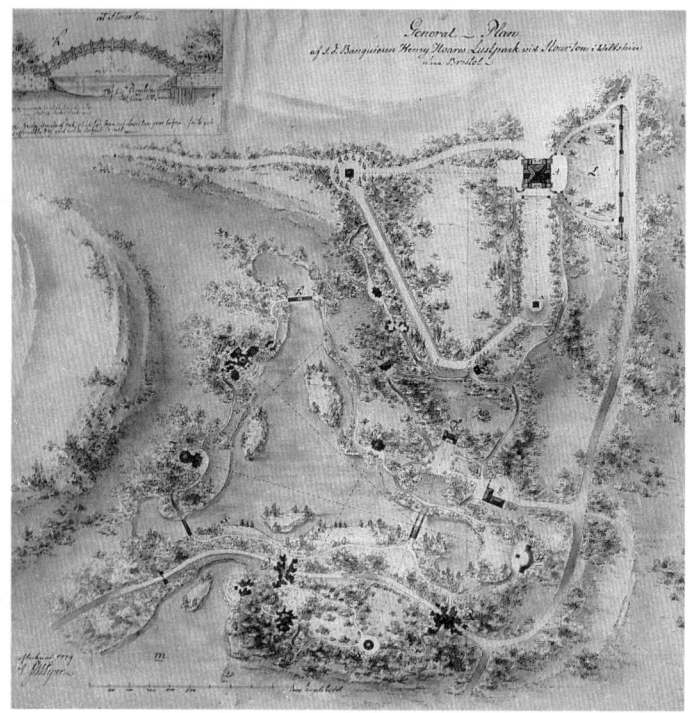

Plan von Stourhead, gezeichnet 1779 von F. M. Piper.
Hier wird die geheime Kunstfertigkeit sichtbar,
die die einzelne Blickpunkte miteinander verbindet.

Absichtlichkeit auf angenehme Weise verbergen, standen im 18. Jahrhundert
bloß magere Setzlinge; die beabsichtigten Haine bestanden nur in der
Vorstellung oder waren gerade erst halbwegs dabei zu entstehen.

Der Lageplan des Schweden zeigt das revolutionäre Verhältnis zwischen
dem Park und dem Landsitz des Eigentümers: beide sind außer Sicht voneinander. Der Garten ist kein Anhängsel und keine Erweiterung des Wohnsitzes,
sondern eine vollständige, abgesonderte Welt, dem gewöhnlichen Leben so
fern gelegen wie das falsche Dörfchen im Park von Versailles. Pipers Lageplan
zeigt auch – klarer als ein Besuch in Stourhead dies kann –, wie konsequent
hier die Unregelmäßigkeit in der Anlage umgesetzt wurde. Nicht einmal ein
bayerischer Stukkateur wäre auf den exzentrischen Umriß des Sees verfallen,
der den Eindruck des Parks bestimmt. Es ist, als habe jemand nach einer
geometrischen Figur mit größtmöglichem Rand und geringstem Flächenver-
brauch gesucht. Das Gewässer ist im großen und ganzen dreieckig, aber die
drei Ecken setzen sich in schlangenförmig gewundenen Ausläufern fort. Gegen

In Stourhead stehen
klassizistische Gebäude in einer
scheinbar völlig natürlichen Landschaft.

solche englischen Landschaftsgärten wirken die Anstrengungen des kontinentaleuropäischen Rokoko – so reich an Beliebigkeit und tropfenden Linien sie auch sein mögen – wie furchteinflößende Wellenberge auf einer Teetasse.

Jefferson wählte bei der Universität von Virginia den gleichen Widerspruch, den wir in Stourhead beobachteten: klassische Gebäude stehen in Rokokogärten. Den serpentinengewundenen Mauern gewährt man freien Auslauf; so kehrt die Sünde unter kontrollierten Bedingungen nach Eden zurück. Damit erst macht man die rationale Kontrolle wirklich sichtbar, die fast die gesamte, auf das Pittoreske gerichtete Parkgestaltung zu einer experimentellen Kunst – in durchaus eingeschränktem Sinn – erhebt. Derartige Gärten haben Dichtern und Malern Anregungen gegeben, sie haben auch andere Künstler zu größerer Wildheit in ihren Hervorbringungen ermutigt; zugleich aber blieben sie in mancherlei Hinsicht ein sicherer Ort für gefahrvolle seelische Expeditionen, allerdings weit genug entfernt von den wirklichen Wohnorten, damit der Schock kontrolliert bleibt.

21

In den Wäldchen neben dem See sind die Tempel heimisch. Wenn man hier seinen Platz in der Landschaft aufschlägt, könnte man leicht dem Glauben verfallen, dessen steinernes Zeugnis sie sind. In Shobdon im entlegenen Herefordshire überlebt ein lehrreiches Zeugnis der Symbiose des Rokokogartens mit der Religion des 18. Jahrhunderts. Teile der vormaligen romanischen Kirche wurden auf einen benachbarten Hügel versetzt, um dort zu einer pittoresken Ruinenstaffage zu werden, drei skulpierte Torbögen, die zu einer losen Arkade zusammengereiht wurden. An dem einst geweihten Platz hingegen wurde ein ganzes, weniger gewichtiges Gebäude neu errichtet: ein Gotteshaus, das wie ein Boudoir wirkt, nur Gitterwerk und Verputz, lecker in Bonbontönen gefärbt.

Diese zwei Pole des Versuchs, die Religion zu naturalisieren und ihre Masse in gitterartige Strukturen aufzulösen, die sich dem Betrachter nicht zu hart aufdrängen, finden ihr Echo in Hütten-Tempeln überall in Europa. Das berühmteste, krasseste und zugleich ernüchterndste Beispiel dafür ist Marie Antoinettes Dörfchen in dem Gehölz an der Ecke des Trianon, das sich selbst wiederum an der Ecke des formalen Gartens befindet, der sich von Versailles aus hierher streckt – eine ineinandergeschachtelte Abfolge von Rückzugsgelegenheiten, die hätte alarmieren sollen.

Wie in Stourhead werden einige funktionslose Gebäude um einen Teich gruppiert, hier aber szenischer, detaillierter und damit noch unwirklicher. Die Gebäude ahmen bis ins Letzte bäuerliche Wirklichkeit nach, bilden ein einzelnes geschlossenes Dorf, das mit einigen Bauern ausgestattet wurde, die das phantastische Treiben der Hofdamen beaufsichtigten. In der bombastischsten dieser «Hütten» machte die Königin mit den privilegiertesten Damen des Landes Butter und Käse in silbernen Bottichen auf marmornen Tischen, besser gesagt: Sie tat einen Handgriff hier und da und überließ die Beendigung der Arbeiten irgendwelchen Untergebenen. Im Obergeschoß, das über eine Treppe erreichbar war, die sich wie ein Band um eine Pappel wand, befand sich ein mit einem Strohdach versehener Ballsaal. Soweit verirrte sich ihr Sinn für das Schickliche, daß sie tatsächlich glaubte, Arbeit und Spiel ließen sich in schmerzlose Nachbarschaft bringen.

Auch in den englischen Parks wurde die Milchwirtschaft zur Marotte. Die Ladies stümperten damit herum, doch, soweit wir sehen, ohne das Ausmaß an Unverfrorenheit des französischen Adels, ohne die Prätention, wirkliche Bäuerinnen vorzustellen. Selbst an ihren törichtsten Punkten machen englische Parks niemals eine so zusammenhängende Kette von Fehlern, wie wir sie in diesem französischen Beispiel finden. Wenn sie einer bestimmten Obsession verfallen, indem sie zum Beispiel alle architektonischen Stile der Vergangenheit versammeln, handelt es sich noch immer um den Traum einer Verbindung mit der Landschaft. Dieser Traum mag – wie die Marxisten eilfertig betont haben – auf politischer Unterdrückung beruhen, und es mögen hier auch Teile der Wirklich-

*Marie Antoinettes hameau liegt weit ab
vom zentralen Schloß in Versailles
und weit ab vom Leben der Wirklichkeit.*

keit beiseite geschoben worden sein, die dem Auge der Lustwandler hätten mißfallen können. Es mag sein, daß es sich um Entwürfe handelt, die vergessen und verdunkeln, wie Landschaft tatsächlich funktioniert – niemals jedoch beruhen diese Parks auf einer derart aggressiven Fehlwahrnehmung der Besitzer von ihrer eigenen Rolle.

Spätere Stilentwicklungen wurden als Versuche angesehen, die wahren Wurzeln dieser grandiosen Gestaltung von Land stärker zu verhehlen oder elegische Sehnsüchte und Alltagserfahrung in größere Nähe zu bringen. Mittels herkulischem Aufwand verschob Capability Brown große Mengen Erdreich und Armeen von Bäumen, um seine Version eines englischen Landschaftsgartens noch mehr in der Umgebung verschwinden zu lassen. Es gibt noch immer so viele Landschaften, an denen er sich zu schaffen machte, und das Auge ist so an sie gewöhnt, daß er die Vorstellungen vieler Menschen davon, wie die englische Landschaft schon immer ausgesehen habe, entscheidend mitgeprägt hat.

23

Besuchen wir ein so ambitioniertes Beispiel wie Bowood in Wiltshire, so können wir versuchen, uns der Neuartigkeit seiner Eingriffe wieder zu versichern. Er ließ die meisten erkennbaren Geländemarkierungen sorgfältig entfernen, merkwürdige Konturen genauso wie abrupte oder auffällige Anpflanzungen, überhaupt Diskontinuitäten jedwelcher Art. Einzelne Gewächse durften nicht stehen bleiben, und zum ersten Mal in der Geschichte der Gartenkunst scheinen die Anpflanzungen keine Notiz von der Existenz des Hauses zu nehmen, sie werden keineswegs künstlicher, je mehr sie sich dem Haus nähern. Sein größtes Kunststück war es, ein sorgfältig zugeschnittenes Stück Land als unberührte Natur erscheinen zu lassen. Vielleicht hätte man Brown beleidigt, wenn man ihn darauf hingewiesen hätte, daß sein Naturalismus nur eine von Menschen geschaffene Szenerie fortschrieb; wahrscheinlich aber wußte er das: Capability Brown hätte echte unberührte Wildnis erkannt.

In Bowood überlebt, neben Browns Besänftigung, ein früherer Markstein in Gestalt von Grotte und Kaskade. Beides zusammen erscheint eher wie eine in sich geschlossene, abweisende Felsenlandschaft und nicht als rauhe Spielart innerhalb einer weit ausgelegten Serie, wie dies für die Grotte von Stourhead gilt. In Italien, von wo die Grotte ihren Ausgang nahm, wird dieses finstere Element oft kreatürlicher und dämonischer dargestellt. Hier finden sich Wasserspeier in Form spuckender Monstren; statt einer bloßen Höhlung im Felsen scheint sich ein Gesicht aus der Oberfläche des Felsens heraus zu materialisieren. So finden sich in Frascati, in Bomarzo und an anderen Orten betretbare Grotten in der Gestalt riesiger, schreiender Köpfe; Mäuler, die uns verschlingen und ihre Beute vielleicht nicht wieder ausspucken wollen. In den Grotten der Engländer sind derartig explizite Darstellungen der Feindseligkeit der Natur verschwunden.

Diese Abbilder primitiver Behausungen sind in Italien furchteinflößender. Hier finden sich gelegentlich auch im Alltagsleben Überbleibsel einer Verbindung zur Unterwelt, etwa in den höhlenartigen Unterkünften, die in Matera direkt aus dem Felsen gegraben wurden, oder in den *trulli* Apuliens, die keinen rechten Winkel und keine Fenster besitzen.

In solchen Gärten wird der Aberglaube verwahrt; sie sind eher Gefängnisse als Zufluchtsstätten und rufen eine Zeit ins Bewußtsein zurück, als die Welt noch durch Furcht gebannt wurde. Sie sind die Horrorfilme, die Schauerromane der Gartenkunst, hier spielt der Mensch mit den Vorstellungen von Gefahr, von Verfluchung, von unauslotbarer Verderbtheit.

In Bomarzo tobt der wütende Konflikt zwischen wohltätigen und feindlichen Kräften, der unter der Oberfläche herrscht, in Gestalt verschlungener, gigantischer Figuren, Produkten eines Alptraums, hervorgelockt aus dem natürlich zutage tretenden Kalkstein. Diese Gartenstatuen wirken auf uns in außergewöhnlichem Maß kunstvoll und kunstlos zugleich. Jene Ungeheuer und Drachen, die aus dem Grund heraufkommen wie aus einem verfluchten Acker,

24

Das verschlingende Maul von Bomarzo
erinnert an die feindlichen Kräfte der Natur,
ist aber eigentlich nur ein Platz zum Ausruhen.

der Unglück gebiert, sind beredtere Anwälte für jene Sicht der Natur als gewöhnliche Nymphen oder Zephyre.

Sonderbarerweise können solche wilden Gärten offenbar schlecht überdauern. Bei ihnen besteht die größte Gefahr, daß sie sich einfach in ein verlassenes, undurchdringliches Dickicht zurückverwandeln, als ob es schwieriger wäre, hier an einer formalen Vision festzuhalten. Und doch überdauern noch einige Relikte dieser Liebesbeziehung, die das 18. Jahrhundert zu allem Wilden, Ungebärdigen geknüpft hatte, auch außerhalb von Literatur oder Malerei, wo man mehr an sie gewöhnt ist.

Es gibt eine Hütte aus Baumrinde an einem Wasserfall im Norden von Wales, die sich Worthington, ein Freund des großen Literaturkritikers Samuel Johnson, erbaut hatte, um dort seinen Tee zu trinken. Denn mit einem Mal wurden Landschaften gepriesen, die frühere Reisende ängstlich gemieden hatten: Wales, der *Lake District*, das schottische Hochland. Hier sah man nun

25

die letzten Rückzugsgebiete einer Natur in ihrer ursprünglichen Stärke und Kraft, bevor sie unter die zähmende Hand des Menschen geraten war, einer Natur, die immer mehr von der Erde verjagt wurde. Die italienischen Vorboten dieser Begeisterung für die Erhabenheit der Natur waren, ebenso wie ihre englischen Nachfahren, in einer Epoche erschienen, die Kultur auf eine geradezu klaustrophobische Weise überfeinerte. Großstädter wie Samuel Johnson oder Thomas Gray, der nie einen Fuß vor die Tür setzte, lieferten die ersten anpreisenden Schilderungen der Hebriden und der Alpen.

Die Vorstellung, daß sich die Augenblicke des erhabensten Erstaunens über die Natur in einen Garten verpflanzen ließen, erwies sich als schnell vergänglich. Die viktorianischen Parks gaben diese eingefangene Wildnis auf, doch uns erscheint dieser Verzicht heute als Verlust. Wir betrachten solche naiven Hervorbringungen, wie Batty Langleys Rhapsodie auf die Schlangenlinie, mit weit größerer Nachsicht, als Volkskunst im weitesten Sinn. Meinte Batty es ernst? Oder handelt es sich hier nur um eine Auflistung aller möglichen Formen und nicht um einen einzigen Grundriß? Wäre jedenfalls irgend jemand je so verrückt gewesen, diese Galerie von Labyrinthen tatsächlich zu errichten, würde er sie sicherlich weit weniger spaßig gefunden haben, wenn er sich plötzlich mitten hineinverstrickt in diese Windungen aus Grün vorgefunden hätte. Battys Schlingen sind Rokoko als Neurose, sie sind Diagramme des Schauders, den man nicht mit Genuß empfindet, sondern *durchlebt*, eines Schauders, der nie enden will.

Obwohl auch sie den Besucher in die Irre führen und den Gedanken des Wegs pervertieren, stellen die Irrgärten des 18. Jahrhunderts keine direkten Abkömmlinge früherer Labyrinthe dar. Das Labyrinth ist eine viel zu komplizierte Form von Unordnung, als daß ein Auge, welches sich vom Anblick der Alpen erschüttern läßt, daran seine Freude hätte haben können.

Das Labyrinth ist eines der wenigen Elemente, das sich in jüngerer Zeit vom Garten lösen konnte und seither ein Eigenleben führt. Drückt sich in dieser nach Jahrhunderten des Desinteresses neu aufgeflammten Begeisterung für Labyrinthe ein metaphysisches Unbehagen aus, ein Unbehagen, das sich auch bis in die Kunst hinein erstreckt, welche nun nur noch in wunderlichen, doppeldeutigen Formen möglich scheint? Im Labyrinth wendet sich der Geist auf sich selbst und verbeißt sich mißmutig in den eigenen Schwanz.

Wie in der zeitgenössischen Konzeptkunst herrscht im Labyrinth ein großer Unterschied zwischen dem verstehenden Rezipienten und dem, der ihm zum Opfer fällt. Von der Spitze des nahegelegenen künstlichen Hügels aus wirkt das Labyrinth überschaubar wie ein Schaltplan. Steigt man aber hinab und unterwirft sich ihm, verliert man seine Überlegenheit und liefert sich einem grausamen und narkotisierenden Spaß aus. Es ist eigentlich überraschend, daß es keine Mordgeschichten gibt, in denen eine Person, in einem Labyrinth in Verwirrung geraten, immer wieder frühere Gedanken durchdenkt

Eine Seite aus Batty Langleys
New Principles of Gardening (1728)
zeigt Experimente mit gewundenen Wegen und Irrgärten.

und schließlich, von einem paranoiden Wahn überwältigt, überall nur Feinde sieht.

Präzision macht die japanischen Gärten zu Verwandten des monomanischen Labyrinths, mit dem Vorbehalt allerdings, daß sie zwar gleichermaßen konzeptuell sind, aber nicht sonderlich puzzleartig. Der japanische Natursinn ist anders als der abendländische, als wäre er auf eine andere Brennweite der Sinne angelegt. Uns erscheint eine so intensive Einlassung auf pflanzliche und mineralische Strukturen verrückt, als gäbe man das individuierte Selbst auf, nur um zu wissen, wie man sich als Moos fühlt.

Japanische Stein- und Moosgärten.
oben: Saiho-ji bei Kyoto. Kalkulierte Natürlichkeit aus mehr als hundert Arten von Moos.
unten: Ryoan-ji. Felsbrocken als Objekte der Meditation.

Der Moosgarten in Kioto entfernt alle dissonanten Töne und umgibt uns ganz mit unebenen Moosbeeten in einem Hain, in dem nur eine einzige Sorte von Bäumen wächst, deren störende untere Äste entfernt wurden. Die subtile List besteht hier darin, daß alle Vergleichsmöglichkeiten beseitigt wurden und wir gezwungen sind, dem monotonen Moos Welten von Verschiedenheit abzugewinnen.

Verweilt man lange genug davor, entdeckt man wirklich, wie es steigt und fällt, dünn oder üppig wird, wie ein Gesteinsbrocken von unten her durchbricht oder oben überdeckt wird – man entdeckt, wie es alle Möglichkeiten in sich birgt. Wäre man allein, könnte man sich vor dem Moos niederlassen und könnte Ameisen auf ihren endlosen Karawanen beobachten, fühlte Lebenszeit um Lebenszeit auf diesem kleinen Fleck verstreichen, wie es einem vor chinesischen Gemälden oder bei der Lektüre von Kafkas Erzählungen ergeht. Vielleicht ist es eine rettende Konzession an die Etikette, daß man sich während dieser Reisen auf doppeltem Boden bewegt. Um die Welt in einem Sandkorn zu entdecken, muß man, für eine Minute, die Jahre dauert, zu einem Pünktchen werden; ohne dabei jedoch seine tatsächliche Größe und die eigene, bloß suspendierte Unrast aufzugeben.

Zweifellos ist dies der Blick des Europäers auf den japanischen Garten. Wüßten wir um den längsten oder auch um den durchschnittlichen Aufenthalt eines Japaners an einem solchen Ort, wüßten wir etwas genauer, wie sie sich ihren Gärten hingeben. Ryoan-ji ist der am offensichtlichsten metaphysische japanische Garten, unter allen Landschaften der Erde diejenige, die am meisten einem philosophischen Text ähnelt. Hier gibt es eine streng kontrollierte Anzahl von Elementen, nach verblüffend einfachem Muster arrangiert wie eine Landkarte. Jedes dieser Elemente bleibt unbearbeitet, so daß es wie ein kleines Stück Wildnis wirkt. Dieses große leere Blatt, auf dem das Chaos sich entfaltet, mag auf manche Stimmungen alles andere als beruhigend einwirken.

Dies hieße aber, diese Räume fälschlich tragisch zu nehmen. Wir fühlen, auch ohne daß man uns dies ausdrücklich sagte, daß hier eine Kennerschaft des Unregelmäßigen zelebriert wird. Man mag sich noch so sehr mit seiner eigenen Verwirrung aufhalten, die fünfzehn Felsbrocken in ihren fünf Gruppen in Ryoan-ji bleiben unvergleichliche Beispiele der menschlichen Tyrannei über die Natur. Hier bleibt das Chaos auf ewig stehen, und der Besucher kann herumgehen, seine Umrisse erst von der einen, dann von der anderen Seite betrachten, er steht da vor zerbröckelnden Wänden wie vor der Kurve eines Sonnenuntergangs, der Jahre braucht, um sich aufzulösen. Alles ist hier zwar ein Zeichen für Vergänglichkeit, aber in diesem sicher umhegten Gelände ist die Veränderung, nicht die Dauer illusionär. Selbstverständlich verändern zufällige Lichteinfälle das Aussehen der Formen; bei einer Rückkehr am folgenden Tag aber wird man die gleichen unbehandelten Formen am gleichen Platz finden wie am Vortag.

So ist diese tapfere Meditation über das Nichts, für die der abendländische Besucher diese seltsame kleine Welt hält, zugleich von selbstzufriedenem Wohlbehagen überzuckert. All diese merkwürdigen Formen sind so oft durchschritten worden, daß sie – ohne tatsächlich ihre Unregelmäßigkeit zu verlieren – in Gedanken zu der Einförmigkeit von Gebetsperlen geglättet wurden. Sie bilden kein wirkliches Universum, sie sind nur eine andere Stilisierung.

Je häufiger man einen japanischen Garten betrachtet, um so weniger wahre Notwendigkeit wird man finden, und um so mehr Berechnung. Die Brücken sind wirkliche Brücken, die Inseln richtige Inseln – jedenfalls insofern, als erstere tatsächlich Wasser überbrücken und letztere tatsächlich davon umgeben sind. Weil aber die Inseln künstlich sind, sind auch die Brücken Künstelei. Da gibt es einen Pfad, der zum Ufer führt, dann einen behauenen Stein zur Markierung eines Landungsplatzes, hier eine wüste Stelle und da eine scharfe Kante – man sieht sich nie lange allein gelassen, bevor man wieder auf einen leicht verschönernden Eingriff in die Natur trifft.

Von einem großen Pavillon im Garten eines kaiserlichen Landhauses aus erblickt man drei kleine Inseln, die die Gestalt Japans haben. Diese Inseln sind zu klein, um sie zu betreten; sie erfüllen ihre Funktion im Anblick. Wir Abendländer denken bei Modellen und Miniaturausfertigungen immer zuerst an Kinder, vielleicht weil wir darin nur spielerische Nachahmung erkennen. Angesichts eines vollkommenen Schauspiels zeigt sich das japanische Haus ganz kontemplativ, es ist nichts als Aussichtsplattform, es wird beinahe zum Teil des Sehmechanismus, eine Begrenzung des Auges, ein Augenlid. Die Beziehung zur Natur in Japan erscheint, wie viele andere Formen kultureller Verfeinerung, als Spezialisierung, die *zugleich* befreit und behindert, weil sie viele Handlungen einfach nicht gestattet.

Nie wieder danach standen die europäischen Gärten den japanischen so nahe wie im 17. Jahrhundert. Es herrschte eine Freude am strengen Reglement, man wollte Dinge wie andere Dinge aussehen lassen, nicht entsprechend irgendeiner Vorstellung vom Kosmos, sondern aus reiner Liebe zum Künstlichen. Die englische Kunst des Bäumebeschneidens ist das letzte Wort bei der geometrischen Perfektionierung von Gewächsen. Zypressen werden zu Kegeln, Büsche quasi kugelförmig; ein kleiner Schritt nur, und der schnell wachsende geometrische Körper verwandelt sich unter der Schere weiter in andere, noch kompliziertere Gestalten, worin er sich wohl zu fühlen scheint: in grüne Drachen, Pfauen, Pilze, Korkenzieher.

Holzstiche des frühen 20. Jahrhunderts von Levens Hall in Westmoreland zeigen, welche Widersinnigkeiten die große Begeisterung der Arts and Crafts für diese wiederbelebten Formen des alten Parks zuließ. Formen rempeln einander an, das Gefühl für den Maßstab gerät außer Rand und Band. Ein großer grüner Pilz steht neben einem fast gleich großen grünen Landhaus, die Elemente des formalen Gartens spielen verrückt.

Die beschnittenen Gewächse
im Park von Levens Hall, Westmorland.
Holzstich von 1901.

Manchmal findet sich ein Durcheinander von Dingen wie in einem Warenlager, so daß man sich wünschte, diese Heckenkreaturen wären dünner gesät und ließen Raum zwischen sich für weniger Aufdringliches. Unter all diesen Imitationen ist die Heckenarchitektur am angenehmsten: es entstehen Wände, Portale und Fenster aus kleinblättrigem Material, dem pflanzlichen Pendant von Rauhputz. Die windempfindliche Vortäuschung von Stabilität wirkt weitaus überzeugender als die gleichsam eingefrorene Lebendigkeit, zum Beispiel erstarrter Vögel. Bei den Hecken akzeptieren wir, daß kein rechter Winkel wirklich ein rechter Winkel ist und jede Wand hoffnungslos brüchig.

Es gehört zu den seltsamen Dingen in dieser Welt, daß es in der Architekturgeschichte auch eine einflußreiche Richtung gibt, die sich Pflanzen zum Vorbild nahm oder sie gar zu originären Bestandteilen von Gebäuden erklärte. Sir James Hall konzipierte seine berühmte Weidenkathedrale, um seine Theorie des Ursprungs der gotischen Gestaltung aus dem Wuchs der Pflanzen zu demonstrieren, was uns heute, ganz gegen die Absicht des Ziehvaters, als der lächerliche Versuch erscheint, jungen Bäumen gotisches Verhalten aufzuzwingen. Die Tatsache, daß sich die meisten biegsamen Pflanzen, wenn man sie nur früh genug dazu nötigt, in die verschiedensten

31

Belustigungen in Naturwüchsigkeit.
oben: Sir James Halls Weidenkathedrale.
unten: Die Bibliothek der Schule von Bedales in Hampshire. Von Ernest Gimson, 1911.

architektonischen Formen bringen lassen, beweist genausoviel wie die Einschnürung der Füße bei den Chinesinnen oder das Auseinanderziehen der Lippen durch eingesetzte Platten bei Stämmen in Neuguinea. Hall hätte die Züchtung von Spalierobst zur Warnung dienen können: Es war nie beabsichtigt, damit die wahre Natur des Obstbaums zu enthüllen.

Ob Vernunft oder Unvernunft, hier wurde ein mächtiger Traum verwirklicht. Man las wieder die Hoffnungen in Gebäude hinein, die man im Umgang mit ihnen verloren hatte. Wären doch die Bauwerke wieder so, wie sie einst waren, flexibel, ganzheitlich und verständnisvoll wie Lebewesen. Der Enthusiast empfindet gotische Gebäude als etwas Vollkommenes, von selbst Entstandenes, ja sogar Unfertiges, das noch immer heranwächst und reift.

Halls pflanzliches Gebäude war kein Gartenzierstück, sondern ein ernstgemeintes archäologisches Experiment. Daß man solches ideologisches Gewicht auf die Wurzeln des Gotischen legte, besagt nichts anderes, als daß für seine Generation die Geschichte gesteigerte Bedeutung angenommen hatte: historische Erklärungen und Herleitungen führten scheinbar direkt auf das Wesen der Dinge.

Uns erinnert so etwas zwar eher an ein Baumhaus für Kinder, doch vielleicht zeigt die ständige Wiederkehr von Versuchen, eine solche Wildheit in die Architektur wieder einzuführen, daß es sich doch nicht um grundlose Phantastereien handelt. Die Kraft vieler Bauten, wo wir der Wildheit niemals als Motiv gewahr werden, kommt aus dem Rückgriff auf natürliche Formen. Das Massive bei Hawksmoor, das Höckerige bei Lutyens, das Verwirrt-Dunkle bei Peruzzi – alles Architekten, die nicht auf eklatante Weise dem Organischen verschrieben sind – sind Zeichen tiefen Verpflichtetseins gegenüber Natureindrücken. Obwohl es vielleicht am interessantesten ist, die Einflüsse des Organischen an solchen Entwürfen aufzuspüren, wo sie nicht offensichtlich sind, so stellen doch auch die bewußt atavistischen Baumeister eine durchaus erhellende Entwicklung dar, auch wenn die meisten ihrer Bauten nur Kuriositäten sind und keine Meisterwerke.

Ernest Gimson, ein Innenarchitekt der Arts and Crafts, baute einige wenige Häuser, die wie Höhlen aussahen, und Schulen wie Scheunen. Es sind seltene Einzelexemplare, die, weil sie konsequent von Hand gearbeitet sind und keinerlei Konzession an den Publikumsgeschmack machen, immer Kultgegenstände geblieben sind. Ein Paradox der Arts and Crafts, das nicht einmal amüsant ist, besteht darin, daß die Rückbesinnung auf einfache Arbeitstechniken und die Traditionen des Volks schließlich zu einem Utopia führte, wo jeder einfache Stuhl, jede einfache Wandbekleidung Unsummen verschlang.

Gimsons Bauten sind deshalb Träume von Gebäuden. Die Bibliothek von Bedales ist sein bester, zugleich verschrobenster Versuch, die Zivilisation wieder auf einen ländlichen Weg zu bringen. Das andere große Denkmal dieser Bewegung ist Lethabys Kirche in Brockhampton. Ein Juwel sorgfältig

Formen, die der Funktion nicht folgen.
oben: Das Dach von Gaudís *Casa Mila* in Barcelona.
unten: Heckenzimmer im provencalischen Ansouis.

Symbolischer Pavillon auf der Terrasse von Montacute,
einem Herrensitz in Somerset
aus der Jakobäischen Zeit.

gearbeiteter Kindlichkeit, liegt sie so eingebettet in die Natur, im entlegenen
Herefordshire so entfernt von allen städtischen Zentren, daß kaum jemand die
Mühe auf sich nimmt, sie sich anzusehen – ein Veilchen, das im verborgenen
blüht.

Der größte kontinentale Nachfahr von John Ruskin und der Arts and Crafts,
der wagte, Gebäude als Lebewesen aufzufassen und damit auf eine bestimmte
Weise auch zu individualisieren, versteckte seine Werke nicht in der Provinz.
Antonio Gaudí baute viel, das meiste im Zentrum der Großstadt Barcelona.
Seine Form von Naturnachahmung ist weitaus extremer als die der Engländer.
Energie, wie er sie darstellt, ist stets monströs; und alles Leben strebt bei ihm
zur Dekadenz.

Gaudí interessiert uns mehr als andere Baumeister der Art Nouveau, weil
die Monströsität in seinen Arbeiten nicht an der Oberfläche bleibt. Gaudís
Vision hat tiefen Einfluß auf die Art und Weise, wie er Räume konstruiert; seine
Meisterleistungen aber vollbringt er, wo er am freiesten arbeiten kann, bei
Dachlandschaften, in Parks. Dort schafft er imaginäre Räume, die nur für die
Imagination, nicht aber tatsächlich bewohnbar sind, es sind Heckenrätsel, wie
in einem typisch manieristischen Garten, wo eine stille Vorliebe für das
Absonderliche herrscht.

In Ansouis in der Provence zum Beispiel schaffen die einfachsten Mittel
Irrealität. Die Gärten sind hier auf den funktionslosen Resten eines alten Walls
errichtet; eine Menge winziger, unbetretbarer Heckenzimmer an unzugängli-

Die englischen Gärten der Jahrhundertwende
nehmen Elemente des formalen Gartens wieder auf:
Park von Hestercombe in Somerset.

chen Plätzen. Sie hängen mehrere Stockwerke über dem eigentlichen Grund,
als handle es sich um eine Idee, die die Erde noch nicht ganz hat erreichen
können. Die Losgelöstheit vom Gebrauch verbindet Gaudís Auswüchse mit den
Spielformen und Concetti des Manierismus und zeigt eine unerwartete Ver-
wandtschaft dieser beiden völlig disparaten Stile. Beide fordern Autonomie für
die gestaltende Einbildungskraft.

In einem großen Renaissancegarten in Montacute gibt es Pavillons, die
eigentlich bloß Vorstellungen von Pavillons sind, einer Mauer so aufgesetzt wie
Häuser auf einer Brücke. Wie diese bleiben sie – wenn auch manchmal
bezaubernde – Auswüchse auf einem anderen Körper, an dessen beherrschen-
der Funktion sie keinerlei Anteil haben.

Diese beiden Orte sind so sehr reine Gedankengespinste und in wichtiger
Hinsicht auch so unfruchtbar, daß man ihnen gelegentlich sogar die Bezeich-
nung Garten absprach. Wenn man in falscher Stimmung ist, können sie wie
komplizierte Vereitelungsmechanismen wirken, wie Muster eines absoluten
Dagegens, die Attacken gegen die Lebendigkeit reiten.

In Villandry, den Liebesgärten, die Lonzano für Joachim de Carvallo
entwarf, verspüren wir hauptsächlich Verneinung; zwischen Fetzen von Hek-
ken, die aussehen wie aus der Musterkiste eines Schneiders, gibt es Spuren
von etwas, was vielleicht einmal Wege waren, bevor das Durcheinander sie
heimsuchte. Hier befindet sich eine ganze Skala verschiedenster Desorganisa-
tionen, denen man unterliegen oder die man besiegen kann. Von den aufgeschütteten Wällen der Umgebung aber, oder aus den oberen Stockwerken des

Kalkulierte Rückkehr zur Wildnis:
formal zugeschnittene und wieder zuwachsende Wege
im Park von Sissinghurst in Kent.

Hauses, gewinnt man köstliche Einblicke aus der Vogelschau, die die Turbulenzen auf dem Boden aufs schönste rechtfertigen.

Die Geschichte hat es sich nicht leicht gemacht, diese Gärten zu schätzen, weil sie dem Verständnis zu herzlosen Fiktionen wurden. Schließlich aber brachte sie doch einige faszinierende Bastarde hervor, die die Schuld von einhundert oder zweihundert Jahren Verständnislosigkeit einlösen. Zu Beginn des 20. Jahrhunderts fanden die architektonischen, mit Schwerfälligkeit versetzten Stiltravestien eines Edwin Lutyens ihr Äquivalent in den Gärten, die er zusammen mit Gertrude Jekyll für seine komisch-monströsen Häuser anlegte und die sie wie schwerelose Schattenbilder begleiten.

In Hestercombe wird die Achsengliederung kontinuierlich von den Pflanzen durchkreuzt. Hestercombe ist ein Garten von Lutyens ohne ein zugehöriges Gebäude. Es ist nicht wirklich erstaunlich, daß sein bester Garten gerade da entstand, wo er die Arbeit des Gartenarchitekten tun mußte und der Garten nicht einfach als bloßes Echo der im Gebäude angelegten Prinzipien erscheinen konnte. In diesem Garten herrscht ein stiller Krieg zwischen zwei gleich starken Gewalten. Eine unermüdliche, verschwenderische Geometrie schreibt den Kreis in ein Viereck ein, das gebunden wird vom Zylinder und wiederum überlagert vom Dreieck; gegen diese Geometrie streitet ein kräftiger Bewuchs, der kaum innerhalb der vorgegebenen Linien gehalten werden kann.

Gertrude Jekyll bevorzugte Pflanzen mit ausgeprägtem Umriß und kraftvoller Gestalt. Sie verwendete eine kleine Anzahl von Pflanzenarten in massiver Ballung, die sich hinsichtlich Höhe und Struktur so deutlich von ihren Nachbarn

Den Park von *Chiswick House*
entwarf William Kent
für Lord Burlington.

abheben, daß der Eindruck einer klar vernehmlichen Konversation aufkommt. Nur damit glaubte sie den Wettstreit um den Raum mit Lutyens' geistreichen geometrischen Mustern bestehen zu können. Durch dieses Dazwischentreten gab sie der formalen Gestaltung eine Kraft, die bis dahin unvorstellbar gewesen war.

In einem bescheideneren, doch berühmteren Beispiel dieser Art, im Garten in Sissinghurst, lernt man, daß das Geheimnis der Verlebendigung regelmäßig zugeschnittener Pflanzen in der Verletzung der Regel besteht. Man legt Weg auf Weg mit der Absicht an, sie wieder zuwachsen zu lassen. Den Pflanzen läßt man ihren Willen, nachdem man sie zuvor zu absurden Verrenkungen gezwungen hatte. In einer Ecke des Gartens sind nur weiße Pflanzen zugelassen. Dieser Teil ist der berühmteste geworden, es ist der allegorischste: die Schöpfung des Menschen als Gespenst der Natur.

In Sissinghurst ist der Konflikt am ausgeprägtesten, der in den Gartenschöpfungen des 18. Jahrhunderts, etwa in Stowe, in seiner sublimiertesten Form auftritt. Dort ist die ordnende Macht des Menschen fast unsichtbar. Der Eingriff in das griechische Tal in Stowe geschieht auf so subtile Weise, daß man meinen könnte, er wäre nur eine Halluzination, man sähe ihn bloß in die Landschaft hinein. Der entscheidende Stimulus für die Wahrnehmung ist der Tempel der Eintracht und des Sieges, der das eine, dem Haus am nächsten befindliche Ende des Tals abschließt. Seine Anwesenheit verstärkt den Eindruck, die flache Senke der Landschaft stelle eine Votivgabe dar, die in einem Schrein dargebracht wird. Hier scheint das Ritual einer Versöhnung zwischen Natur und Kultur, Land und Stadt zu herrschen. In Chiswick wird es noch deutlicher: hier zelebrieren der runde Teich vor dem runden Tempel und die umstehenden, kugelförmig beschnittenen, eingetopften Orangenbäume alle das Sakrament des Kreises, predigen die Einheit von Mensch und Natur – und das ist das Höchste, was ein Garten uns schenken kann, nur dadurch wird er zum Reservoir für unsere Hoffnung und unsere Hingabe.

Denkmäler

Denkmäler und Gärten repräsentieren, obwohl sie beide weitgehend frei von Funktion sind, entgegengesetzte Enden im Reich der Architektur. Denkmäler übertreiben auf mehr oder weniger monströse Weise die erwünschte Dauerhaftigkeit von Architektur; in Gärten dagegen setzt der Mensch all seine konstruktive Energie ein, gerade diese Notwendigkeit zu vermeiden. Natürlich hängt die Dauerhaftigkeit von Denkmälern nicht nur von deren bloßer materieller Standfestigkeit ab – sondern zum Beispiel auch davon, ob die Menschen diese oder jene Ehrwürdigkeit aus Stein oder Metall überhaupt noch um sich haben wollen. Trutz und Unbesiegbarkeit kann Zerstörung geradezu herausfordern. Wahrscheinlich sind deshalb Burgen und Befestigungsanlagen öfters als andere Gebäude absichtlich unbrauchbar gemacht worden. (Man «schleift» sie, wie der spaßige Fachausdruck heißt, als wären sie Edelsteine).

Zur Zeit existiert wohl nur noch ein einziges der unzähligen gemeißelten oder gegossenen Standbilder Stalins, die einst die Plätze in der Sowjetunion von einem Ende zum anderen zierten. Dieses letzte befindet sich an Stalins Geburtsort; man könnte sich vorstellen, daß sich von hier aus dieser Kult irgendwann einmal neu ausbreiten könnte. So gibt es also keine offiziellen Bilder Stalins mehr, wenn auch sein Bild noch immer seltsam bekannt ist, und trotzdem leidet Rußland keinen Mangel an steinernen Gesichtern, die auf einen herunterglotzen. Auf einem Photo der russischen Kolonie in Spitzbergen kann man unschwer erkennen, einen wie wesentlichen Anteil diese übergroßen, für sich stehenden Köpfe an der Möblierung des Lebens haben. Hier ist es Lenins Stirn, die sich der umgebenden Schneeweite hinzufügt. Gerade der ernsthafte Erforscher von Denkmälern sollte sich einmal länger an Orten aufhalten, die mit solchen einschüchternden Figuren gesättigt sind, um zu verstehen, welche Macht die Kolossalstatue, das weihevollste unter den Denkmälern, tatsächlich besitzt.

Eine Geschichte der gestürzten Denkmäler wäre wohl am interessantesten, aber sie ist schwer zu schreiben. Oft beseitigt eine gewitzte Anstrengung nicht nur Steinmassen, sondern auch die Spuren in Wort und Bild. Würde man sowjetische Zeitschriften von 1930 bis 1955 systematisch durchkämmen, ließen sich sicher viele Lücken in der Geschichte der bildlichen Vergötterung Stalins schließen, aber vielleicht herrscht hier ein Tabu, welches zur Zeit jedenfalls noch eine genaue Aufarbeitung dieser eigenartigen Großtaten hemmt.

Sei es, wie es wolle – die Frage bleibt, ob man aus den Denkmälern einer Gesellschaft ihre Wahrheit oder nur ihre Lügen herauslesen kann. Vielleicht handelt es sich dabei noch nicht einmal um entlarvende Lügen, denn ganz unterschiedliche Gesellschaften bedienen sich hier des gleichen, verbrauchten Vokabulars, der gleichen, billig gestanzten Sprache. Auf uns wirken diese

40

Säulen, Bögen – Eingänge nach nirgendwo –, Tempel und Kolossalstatuen entschieden «klassisch», aber vielleicht waren die antiken Kulturen – vor allem die römische – nur außergewöhnlich stark auf den Gesichtspunkt der Dauer fixiert.

Ernsthafte Touristen erleben womöglich die Landschaft, die sie bereisen, gar als Monument; sie klassizieren sie, indem sie bestimmte Orte von Bedeutsamkeit herauspicken, die damit ein zeremoniöses Gewicht erhalten, selbst wenn es sich dabei nur um bemerkenswert aussehende Scheunen oder aufgelassene Fabrikgebäude oder, noch viel besser, um eine selten besuchte Kirche handelt. Die Gegenstände des touristischen Interesses werden auf ganz eigene Art *funktionsfrei*, auch dann, wenn der Tourist bewußt versucht, sich das einstige Leben dort vorzustellen. Der Tourist rekonstruiert stets: In mittelalterlichen Kathedralen fühlt er sich mittelalterlich, das heißt: er macht die Bauten zu Denkmälern ihrer ehemaligen Bewohner oder Nutzer.

Zugleich aber ist man in dieser Angelegenheit heikel und möchte sich ihr gern im verborgenen hingeben. Man möchte nicht, daß sich irgendein anderer ebenso verhielte; auch Grabstellen pflegt man ja ohne große Gesellschaft zu besuchen. Friedhöfe sind knapp bemessene Orte, wo es keine Geschäftigkeit gibt. Die meisten Denkmäler hingegen suchen oder finden genau das Gegenteil: große, leere, vom Verkehr umspülte Räume.

Die meisten Denkmäler gewinnen ihrem Mangel an baulicher Gesellschaft und Inhalt etwas Positives ab. Ein Archetyp von Denkmal besteht aus einer gestaltlosen Masse oder einem ungestalten Bild von Leere, worauf sich paradoxerweise die Aufmerksamkeit richtet. Einem der wichtigsten Prediger reiner Monumentalität, dem österreichischen Architekten Adolf Loos, hat man ein Grabmal gesetzt, das wie eine Kirchturmspitze aussieht: streng, unmitteilsam. Es ist nicht viel mehr als ein unbearbeiteter Steinbrocken, ist aber auf eine kleine Plattform gestellt, um zu zeigen, daß es nicht unbehauenes Rohmaterial, sondern fertiges Ergebnis einer Gestaltungsabsicht ist. Aber mit dieser rüden Kahlheit des Ausdrucks, dem künstlerischen Äquivalent zu nordischem Ödland, steht das Monument nicht – wie es sich für ein richtiges Denkmal gehört – für sich allein, vielmehr gleicht es einem ganz normalen Haus, das in eine Stadtstraße eingepreßt ist; denn es ist nur ein Denkmal in einer Reihe unter zahllosen anderen Reihen auf einem großen städtischen Friedhof.

Schön an diesem Erinnerungsstück ist sein lebensgroßer Maßstab, als sei das Denkmal ein abstraktes Nachbild des fehlenden Toten. Als Regel erwarten wir geradezu, daß Denkmäler über sich selbst hinausreichen und groß und immer größer werden, bis sie schließlich die gesamte übrige Menschheit unter sich erdrücken. Lutyens' Kenotaph in Whitehall ist davon die subtilste Version. Es handelt sich hierbei nur um ein imaginäres Grab, enthält also keine wirklichen menschlichen Überreste. Das übliche vernünftige Verhältnis zwischen dem Sarg und seinem Sockel ist hier verkehrt. Ein steinerner Sarg steht

Bilder des Todes.
links: Der Kenotaph in Whitehall, entworfen von Edwin Lutyens.
rechts: Holzmeisters Hauptportal des Wiener Krematoriums.

nutzlos hoch auf einer turmartigen Basis, einer Säule mit viereckigem Grundriß, so, als habe der Sarg in einem angestrengten Streben himmelwärts ein in die Höhe gezogenes Abbild seiner selbst hervorgebracht.

Die Längsseiten der Basis werden durch reihenweise aufgehängte Flaggen geschmückt, eine widerwillige Konzession von Lutyens an die weltliche Realität und ihre Zeremonien, die nun einmal lebende Teilnehmer erfordern. Seiner Gestaltungsabsicht würde es mehr entsprechen, wenn auch die Flaggen aus Stein wären: damit würde die unantastbare Idealität dieses Denkmals noch deutlicher ausgedrückt werden.

Fast unsichtbar sind seine größten Feinheiten: Es gibt keine geraden Linien; die Seiten neigen sich einander so unmerklich zu, daß ihr Konvergenzpunkt 300 Meter über dem Boden liegen würde. Der Fuß und der obere Abschluß des Denkmals nehmen die Krümmung der Erde auf und nähern damit das Denkmal in seiner extremen Vertikalität wieder dem Erdreich an. Diese Krümmungen, Abschnitte von Kreisbögen, deren Mittelpunkte über 270 Meter unter dem Boden liegen, begraben im geheimen allen offenkundigen Mangel an

Christos *Verpackter Reichstag* macht politische
und ästhetische Verdrängungen sichtbar.
Entwurf von 1981.

letzter Notwendigkeit. Dieses Werk unterstreicht die nominelle Unerschütter-
lichkeit des Denkmals, gibt sich aber letztlich dem anheim, dem es zugehört
und wofür es wirklich Bedeutung hat.

Trotz seiner Höhe ist Lutyens' «Gebäude» nach unten gerichtet. Natürlich
war es schon immer eines der lebendigsten Zeichen für den Tod, uns mit Bildern
zu umgeben, die uns zermalmen. Man denke etwa an das furchterregende
Maul am Hauptportal des Krematoriums auf dem Wiener Zentralfriedhof. Das
ist keine Verbildlichung der Auflösung als letztem Zustand des Körpers, sondern
eine Vision unerträglicher Schwere, ausgelöschter Merkmale: alle Öffnungen
sehen hier aus, als wollten sie sich endgültig schließen.

Christo, einer der einfallsreichsten und absurdesten «Konzeptkünstler» (der
Begriff ist semantischer Plunder), hat sich etwas ausgedacht, um pompöse
Gebäude in Leichen zu verwandeln. Der «verpackte Reichstag» ist sein
kraftvollster Versuch, weil er von einem unkünstlerischen Klotz ausgeht, der im
Betrachter gemischte Gefühle hervorruft. Als Überbleibsel einer hassenswerten
Vergangenheit – hier hetzten die Marionetten und Mitläufer Hitlers – zieht das

Das *Lincoln Memorial* in Washington.
Die Säulen repräsentieren
die einzelnen Staaten der USA.

alte Reichstagsgebäude ein ziemliches Ausmaß von Aggression auf sich. Aber es gibt auch (hoffentlich nicht fehlgeleitete) Anstrengungen, es als Symbol eines neuen, geläuterten, aus den Trümmern neu erstandenen Deutschlands anzusehen. Indem Christo dieses Denkmal einpackt und damit wegschafft, unternimmt er eine selbstlose und ehrfürchtige Anstrengung, eine zerschlissene Vorstellung geläutert wiederauferstehen zu lassen. Die Verpackung des Reichstags meint keine Mumie der Vergangenheit, sondern eine ganze begrabene Nation.

Wären Hitlers Planungen für Berlin in die Tat umgesetzt worden, hätten sie den architektonischen Ausdruck dieser Stadt in ganz anderer, weniger oberflächlicher Art und Weise eingepackt und betäubt. Leider besteht kein Anlaß zur Selbstzufriedenheit: Man wird mit Erschrecken zugeben müssen, daß die edelsten wie die verkommensten öffentlichen Konzeptionen sich einer einander ähnlichen, starren und empfindungslosen Formsprache bedienen.

Das Lincoln Memorial in Washington ist säulenumhüllt, anonym; man sieht es fast nie ohne sein gespenstisches Abbild in der spiegelnden Wasserfläche. Bevor man dieses Denkmal aber zum Archetyp unmitteilsamer Monumentalität erklärt, sollte man sich in dieser Stadt der Denkmäler genauer umsehen. Sie ist die vielleicht ausgedehnteste Ansammlung von Denkmälern auf dem Erdball, ein Traum reinen Angedenkens, eine riesige, lebendige Begräbnisstätte.

In Amerika west der Klassizismus lange fort.
John Russell Popes Washingtoner *National Gallery of Art* wurde
von 1937 bis 1940 erbaut.

Denn andere Denkmäler der amerikanischen Hauptstadt machen durchaus noch mehr frösteln als das Lincoln Memorial; immerhin tragen alle Säulen dieses Tempels Namen als Aufschrift. Eine jede symbolisiert einen amerikanischen Bundesstaat – die 36 Säulen (zur Zeit von Lincolns Präsidentschaft gab es 36 Bundesstaaten) tragen symbolisch die Idee der Einheit, die der Präsident leidenschaftlich verteidigte. Ein sich der Wahrheit verpflichtendes Denkmal hätte einen Weg gesucht, um architektonisch auszudrücken, daß elf Säulen gerade versuchen, das Gebäude zu verlassen. Wie so viele andere Denkmäler repräsentiert das Lincoln Memorial einen Konflikt als eingefrorenen, bewältigten Zustand.

Dieses Denkmal wird vom National Park Service als den Baudenkmälern der klassischen Antike gleichrangig beschrieben. Der wichtigste Alternativentwurf, vorgeschlagen von John Russell Pope, sah hingegen eher mesopotamisch aus, wie eine Stufenpyramide: Ein Tempel so groß wie das gegenwärtige Denkmal sollte auf die Spitze eines Hügels von der Höhe des Washington-Denkmals gesetzt werden.

Es war einer der faszinierendsten und zugleich scheußlichsten Entwürfe seiner Art. Pope entwarf danach noch einige der interessantesten Gebäude in Washington, das Nationalarchiv, die Nationalgalerie und das Jefferson

Memorial. Jedes besitzt eine symbolische Funktion und verbindet feminine Glätte mit leerer Ausdehnung, die an Grabmäler gemahnt. Nur das Archiv bricht mit seinen Skulpturen auf der Fassade und den eingemeißelten Worten aus dieser Serie aus. Wer die langatmigen Inschriften liest, weiß, daß er es mit einer wortüberfrachteten Baulichkeit zu tun bekommt, noch bevor er auch nur eines der unzähligen hier verwahrten Dokumente in Augenschein nimmt. Jedoch strebt der architektonische Ausdruck hier nach etwas ganz anderem als purer Geschwätzigkeit. Über die Giebel des Gebäudes ragt ein viereckiger, solider, fensterloser Mauerwerkskörper hinaus, der den Anschein erweckt, das klassische Kleid des ebenerdigen Stockwerks sei nichts als eine Verhüllung, eine Art Mantel um ein viel primitiveres Herzstück herum. Fast scheint es, als habe die angesammelte Wucht der Geschichte die ganzen Dokumente in einen einzigen geschlossenen Block zusammenschmelzen lassen. Und darin nun drückt sich die nationale Einheit aus: die Vergangenheit ist in der Gegenwart als schlafender Riese anwesend, den niemand wagen würde zu stören.

Popes größte Projekte wurden während des Zweiten Weltkriegs errichtet (wenn auch zum Teil schon früher geplant); sie waren vielleicht, mehr als man dies heute wahrhaben will, eine bewußte Antwort auf die megalomanischen Projekte der Faschisten und der Nazis. Der erste Bau dieser Art, den Hitler fertigstellte, das Münchener «Haus der Deutschen Kunst» (das «Deutsche» hat sich heute aus dem Namen davongeschlichen), erinnert den amerikanischen Besucher unweigerlich an Washington. Der Nazibau geht aber darüber hinaus. Die «endlose» Reihe der Säulen besitzt die Gesichtslosigkeit einer totalitären Masse, predigt die Armee als Nonplusultra, tut dies aber scheinbar ganz ruhig als Idealform einer sozialen Organisation. Gezeigt wird das saubere und ordnungsliebende Deutschland, das der Erbauer garantieren würde, wenn wir ihm nur gehorchten. Sicher hat es viele beeindruckt, daß diese Zwangsherrschaft zum ersten Mal gerade an einem Museum in volle architektonische Erscheinung trat, um Gemälde und Skulpturen zu beherrschen.

Werden in derartigen Gebäuden die Säulen zum Idealbild einer Masse, so repräsentieren Soldatenfriedhöfe das Ideal eines Kirchhofs, denn dort bilden die Toten tatsächlich eine Masse, alle sind zur gleichen Zeit auf die gleiche Weise gestorben. Selbst symbolisch gesehen sind es leblose Orte, die wenig von der Grausamkeit ahnen lassen, der sie ihre Entstehung verdanken. Alles ist hier arrangiert, bis auf die Auswahl des Ortes selbst, der von der Notwendigkeit diktiert wurde – Schlachten finden nun einmal nicht mit Rücksicht auf spätere touristische Nutzung statt. Jedoch gibt die Abgelegenheit solchen Plätzen gelegentlich einen seltsamen Reiz.

Einer der abgelegensten und eindrucksvollsten Soldatenfriedhöfe ruft einen langen, entscheidungslosen und teuren Feldzug in den niederen Hängen der italienischen Alpen während des Ersten Weltkriegs in die Erinnerung zurück. Wie die meisten Schlachten erhielt auch diese einen klingenden

Im *Haus der deutschen Kunst*
wandelt sich der Klassizismus
zum Totalitarismus.

Namen, Monte Grappa, als habe sie sich auf dem Gipfel des Berges
abgespielt, wo heute der Soldatenfriedhof liegt. Doch wurden die zwanzigtau-
send Leichen, die der Hügel jetzt bergen soll, von weither herangeschafft, um
zu diesem riesigen Denkmal aufgeschichtet zu werden. Hier wetteifert zyklo-
pisches Mauerwerk mit dem Berg unter ihm, dessen Form es aufnimmt; ein
menschlicher Hügel wurde auf dem natürlichen errichtet. Das riesige «Bauwerk» besteht aus sechs immer kleiner werdenden kreisförmigen Schichten
übereinander, worin jede einzelne Person als eine winzige Leerstelle ausgedrückt ist: es ergeben sich Reihen von kreisförmigen Löchern, die wie das Werk
von Insekten aussehen. Viele andere Denkmäler entindividualisieren, aber
nirgendwo sonst sind Leere und Mächtigkeit so merkwürdig verschränkt: ein
riesiger Hügel aus unzähligen Nullen, eine gewaltige Anwesenheit aus lebenden Abwesenheiten.

Die Anlage dieses Denkmals zeigt, daß die faschistischen Planer damit
noch nicht zufrieden waren: der Komet hat einen Schweif. Dieser ruhige Hügel
ist mit einem fast 300 Meter langen Prozessionsweg verbunden, der über einen
Kamm bis zu der kleineren Grabstätte der österreichischen Gefallenen auf dem
nächsten Hügel verläuft. Es ist für Denkmäler nicht untypisch, sich auf solche
Weise über ihre eigene kompromißlose Aussage hinwegzusetzen. Selbst zu

47

Ein Soldatenfriedhof aus dem Ersten Weltkrieg
als faschistisches Kriegerdenkmal:
Monte Grappa.

den Pyramiden führten wahrscheinlich kleine Straßen, und an ihrer Basis befanden sich sicherlich Verkaufsbuden und Läden. Ein schrecklicher Idealist wäre, wer forderte, daß die Aufschichtung von Monte Grappa die Bergspitze allein besetzen sollte, ohne Zugangswege und ohne Besucher, daß man die Spuren ihrer Entstehung tilgen sollte, als wären die Erbauer dieser Grabstätte aus den Wolken gekommen und wieder in ihnen verschwunden.

Der Prozessionsweg ruft entsprechende Vorgänge ins Bewußtsein, ein Ideal sozialen Lebens, von dem man annehmen kann, es habe besser in Nazideutschland Ausdruck gefunden als im faschistischen Italien: Zahlreiche, endlose Paraden, pompöse, automatische Pseudo-Kulthandlungen, nervenberaubend zumindest für die Beobachter als Teilnehmer einer gedankenlosen, wirklichkeitsvergessenen Katharsis.

Besuche auf Soldatenfriedhöfen stacheln die Gefühle nicht derartig auf, wie Paraden dies sollen, trotzdem erzeugen sie in den Gesellschaften, die diesem Kult frönen, eigenartige und beängstigende Emotionen. Sowjetische Hochzeiten endeten häufig in einer Zeremonie neuerlicher Verpflichtung an dem in jeder Stadt vorhandenen Denkmal des «Großen Vaterländischen Krieges» – so hatten die Sowjets den Zweiten Weltkrieg getauft –, als ob bei jeder Nennung dieses Kriegs wieder patriotische Gefühle und Partisanengesinnung aufkämen.

Gleichermaßen mysteriös ist die Einstellung der Amerikaner gegenüber den Schlachtfeldern des Bürgerkriegs, der immerhin schon über hundert Jahre zurückliegt. Als Orte des Tourismus sind sie erstaunlich populär. Vielleicht liegt das einfach daran, daß solche Orte und Erinnerungsstätten in Amerika selten sind: Schlachten wurden nicht häufig auf amerikanischem Boden ausgetragen, was ein Grund für Stolz, für Bedauern und für uneingestandene Verwunderung ist. Zwar fühlen sich Amerikaner heute nicht mehr so sicher, trotzdem scheint das amerikanische Staatsgebiet weniger verletzlich als das Territorium anderer Staaten. Es gibt keine amerikanische Parallele zu den Befestigungsanlagen an der südenglischen Küste aus der Napoleonischen Zeit; denn Raketenstellungen sind nicht dazu da, Besucher zu beeindrucken.

Die Haltung zum Bürgerkrieg ist bei den Amerikanern immer noch schwankend, nicht nur im Süden, wo sie naturgemäß stets ambivalenter war als im Norden. Die Geschlagenen haben sich notwendigermaßen tiefer mit den Folgen des Kriegs auseinanderzusetzen als die Sieger, ähnliches gilt etwa für die Geschichte der Waliser und Bretonen gegenüber Engländern und Franzosen.

Schulkinder lernen, Bürgerkriege wären die schlimmsten aller Kriege, weil hier Bruder gegen Bruder kämpft. Für den Jäger von Symbolen erweisen sie sich hingegen als besonders ergiebig. Der amerikanische Bürgerkrieg steht in der nationalen Imagination da als Austragung der zentralen Widersprüche im amerikanischen Wesen: Kampf zwischen Prinzip und Nützlichkeit, Kopf und Herz, Industrie und Landwirtschaft, Zukunft und Vergangenheit, seichter Richtigkeit und verehrungswürdigen Fehlern, als Kampf zwischen Buchungswesen und heimeliger Gemeinschaft. Die mächtigste, irrationale, doch weit verbreitete Lesart für die Bedeutung dieses Kriegs klingt melancholisch: Hier entschied sich der Weg der Nation, hier optierte sie für Rationalität, hier wurden die Wurzeln im traditionellen Leben für immer abgeschnitten. Die Amerikaner könnten sich seither nicht mehr als Mitglieder einer Gemeinschaft begreifen, sondern sie wären zu Abenteurern geworden, die sich opportunistisch auf der Suche nach Profit und Selbstverwirklichung auf der Erde herumtrieben.

Eine Vorrede dieser Art ist unumgänglich, will man verstehen, was Amerikaner an Orten wie Gettysburg umtreibt. Die Landschaft um Gettysburg ist ganz und gar von Monumenten beherrscht, die nicht in formierten Gruppen angeordnet wurden, sondern überall in dem hügeligen Gelände verstreut sind. Der Platz ist ideologisch überfrachtet, so daß diese einzelnen Denkmäler weder anmutig noch ansprechend sein müssen wie in einem englischen Landschaftsgarten. Sie haben eine höhere Pflicht als die ästhetische zu erfüllen: sie bezeichnen ganz genau die Plätze, wo ein Angriff zurückgeschlagen wurde oder wo eine Batterie in Stellung lag. Natürlich sind diese Feststellungen mutmaßlich. Die ersten Gedenksteine wurden sechs Jahre nach der Schlacht aufgestellt, und seither sind kontinuierlich, mal langsamer, mal schneller, neue hinzugekommen. Insofern haben auch Formprinzipien oder Anti-Formprinzipien stets, wenn auch manchmal unbewußt, eine Rolle gespielt.

49

Ein Schlachtfeld wird zum Denkmalspark:
Gettysburg in den USA,
wo die Entscheidungsschlacht des Bürgerkriegs tobte.

Eine der merkwürdigsten Eigenheiten dieses Ortes ist, daß viele der Mahnmale sich vom Besucher abwenden – das heißt von dem Besucher, der sich an die zeremonielle Route hält, die entlang alter Farmwege verläuft. An einem gewöhnlichen Tag ist das die einzige Art von Besuchern. Diejenigen, die wirklich versuchen, die Bewegungen der Kombattanten nachzuvollziehen, sind so selten wie Menschen, die mit dem Maßband in der Hand auf den Dächern von Kathedralen herumklettern. Manche dieser Denkmäler geben sich ganz dokumentarisch: Gelegentlich übersteigt man den Kamm eines Hügels und stolpert über einen liegenden bronzenen Scharfschützen, als wäre die ganze Anlage ein gigantisches Diorama. Doch bleibt diese Illusion ganz und gar unvollkommen: Man soll sich Bäche vorstellen, die von Blut rot anschwellen, und das Getümmel und den Lärm einer Schlacht, während um einen herum das Farmland träge in der Sonnenhitze döst.

Das übliche Vokabular der Denkmäler ist kilometerweit von der Erfahrung des Mordens entfernt. Niemand scheint auch nur einen der Architekten dieser Monumente zu kennen, obwohl manche davon regelrechte Gebäude darstellen, so etwa die Serie der New Yorker Gedenksteine, schroffe burgartige Gebäude, die eher in den Central Park passen würden als ins hinterwäldlerische Pennsylvanien. Die Aufmerksamkeit wird auf Stilisierungen ins Ungefüge abgelenkt, auf architektonische Übersetzungen von Heldentum: schroffes Mauerwerk als Symbol für militärische Tapferkeit. Je interessanter die Steine gestaltet sind, um so mehr entfernen sie sich von der Realität der Schlacht.

Es ist sogar durchaus möglich, die gesamte Anlage als Anthologie der verschiedenen Stilformen des Gedenkens aufzufassen. Aus politischen Umständen zieht sich der Entstehungszeitraum bis zur Gegenwart hin. Die meisten Südstaaten waren lange Zeit nicht vertreten, und so war es zuerst fast ausschließlich eine Gedenkstätte des Nordens. Aber als der hundertste Jahrestag der Schlacht nahte, besannen sich viele Südstaaten anders und gaben Denkmäler in Auftrag. Es entstand eine wundervolle Serie, angefangen von dem Schrein des Staates von Georgia 1961 bis hin zu dem Denkmal Tennessees von 1982. Wer bezweifelt, daß Denkmäler – auch pompöse oder absurde – machtvolle Selbstbekundungen sein können, sollte sich diese Denkmäler ansehen, besonders die überreich verzierten von Louisiana und Mississippi, die Donald DeLue gestaltete. Diese beiden Denkmäler gießen Gefühle unverfroren in große bronzene Gruppen von barocker Komplexität – sie wirken wie elefantöse Tafelaufsätze.

Denkmäler scheinen im Stil deshalb regressiv zu sein, weil der öffentliche Geschmack dies fordert. Sicherlich wird manches Mal der Pietät dadurch Genüge getan, daß ein Denkmal nicht gänzlich zeitgemäß wirkt, archaisch allerdings wäre vielleicht zuviel. Aber auch das gibt es: Auf so manchem russischen Kriegerdenkmal figurieren Recken aus slawischer Vorzeit, und das Kapitol in Ottawa versammelt Reliefs, wie sie auch ein Missionsindianer des 18. oder 19. Jahrhunderts leicht hätte fertigen können.

Bewußter Archaismus: das mag die Erklärung sein für einen ungefähr menschengroßen Grabhügel in Pyramidenform, wie wir ihn in Blickling in Norfolk finden. Damals wurde die ägyptische Kultur als Zivilisation der Gräber verstanden, nicht als die uralte Quelle unergründlichen Wissens, wie die Griechen der Antike es sahen. So konnte die Pyramide als melancholisch und jeder Veränderung abhold betrachtet werden; das optimistische Verständnis dieser Form, welches die Ägypter selber besaßen, war unbekannt. In Ägypten war die Pyramide ein Schaubild des lebensspendenden Sonnenlichts; sie symbolisierte damit fortgehende Bewegung und machte einen Weg sichtbar, den der Verstorbene gehen könnte.

Aber wie es mit dem metaphysischen Anstrich von Grabhügeln auch immer beschaffen sein mag, sie wirklich, und nicht nur vom Begriff her oder

51

Mies van der Rohes Denkmal
für Rosa Luxemburg und
Karl Liebknecht in Berlin, 1926.

vom Aberglauben aus, zu verlebendigen, bleibt eine schwere Aufgabe. Einer der eigenwilligsten Entwürfe Mies van der Rohes war das Berliner Denkmal für Rosa Luxemburg und Karl Liebknecht: eine in Bewegung versetzte schwere Masse und zugleich einer der wichtigsten Beiträge des 20. Jahrhunderts zum Repertoire der Monumentalität. Die Entwurfszeichnungen zu diesem Denkmal zeigen, daß es mehrere Phasen durchlief, bevor es seine endgültige Gestalt erlangte. Ursprünglich war es als eine Mauer konzipiert (die Mauer, gegen die das Proletariat gedrückt wurde und von der es sich mit Wucht abstoßen würde). In Photomontagen verteilte Mies große Inschriften über die ganze Breite und setzte Sprecher auf Vorsprünge, die wie Rednerpodien beschaffen waren. Daß ein Friedhof die Aussaat für eine kommende Revolution enthalten soll, scheint keine besonders praktikable Idee, doch kann man sich vor diesem Denkmal eine Vorstellung von einer Macht machen, die, über das Grab hinaus, die bestehende Gesellschaft umstürzen könnte. Das ist die Bedeutung der von innen herausgetriebenen Formen; Mies' Entwurf mit der Wand hätte einen

Der Begräbnishügel des Stockholmer Krematoriums,
gestaltet von Asplund und Leverentz,
1935–1940.

ganz anderen Inhalt gehabt. Die Wirkungskraft dieses Denkmals jedenfalls zeigt sich in seiner kurzen Lebensdauer: Die Nazis waren von seiner Überzeugungskraft derartig beeindruckt, daß sie keine Zeit verloren und es sofort zerstörten. Es bestand nicht länger als sieben Jahre.

Es war sicher nicht die Furcht vor Vandalismus, die dem Krematorium in Stockholm und dem umgebenden Begräbnisgrund seine Form gab, aber diese kaum wahrnehmbare Monumentalität ist, unter anderem, auch in jedwedem Sinn unangreifbar. Wir haben bei der Pyramide, der stilisiertesten Gestaltung des Hügels, begonnen, haben Mies' kubistische Durchbrechung des Hügels gesehen, wo die Energie des Begrabenen wieder zu den Lebenden durchzubrechen scheint, und gelangen zuletzt zu dieser wie zerschmolzen wirkenden Erhebung in Schweden, einer sanften Wölbung, die wie ein unbestimmbarer letzter Überrest wirkt. Hier sieht man die höchste Steigerungsform eines unterschwellig agierenden Denkmals. Gruppen von Bäumen sprechen sacht von den unten begrabenen Toten, indem sie sich über die schwache Erhebung

Architektur an der Grenze des Nichtseins:
A Thousand Stones Added to the Footpath Cairn
von Richard Long, 1974.

hinziehen, die von der massierten Anwesenheit der Toten hervorgerufen wird: Bäume als Avatare der Verschiedenen, als einfachere Formen ihrer Seelen – Tod als Rückkehr zu urtümlicher organisierten Formen des Lebens.

Richard Longs Entwürfe verhalten sich ähnlich in bezug auf Architektur. Manchmal ist man vor seinen Steinhaufen nicht sicher, ob sie die künstlerische Idee als Natur realisieren oder ob sie nicht doch eine tiefe Desillusion angesichts jeder Art von Konstruktion artikulieren. Wir finden die Idee in zusammengebrochener Gestalt, an einem unwahrscheinlichen Platz, zu dem wir nicht kommen werden und auch nicht kommen sollen. Wir wissen von der Existenz des Werks nur, weil Long uns davon erzählt. Das Werk reduziert sich auf Hörensagen, es wird zum Gespenst. Hörensagen aber, so zeigt es sich, kann mehr Wirklichkeit aufweisen als so manche andere Dinge.

Die umfänglicheren, flüchtigen Arbeiten Christos sind geradezu übermäßig dokumentiert – man stelle sich eine Kultur vor, die unzählige Biographien aufzeichnet, die niemals gelebt wurden. Endlose Mengen von Fotos versichern uns, der *Running Fence* habe tatsächlich existiert und stattgefunden, trotzdem bleibt diese Tatsache auch im nachhinein unwahrscheinlich.

Tausende von Arbeitsstunden für ein Bauwerk,
das nur wenige Wochen existierte:
Christos *Running Fence*, 1976.

Dieser Zaun war eine absichtlich weitläufige Predigt über einen nihilisti-
schen Text. Hunderte von Arbeitern und Kilometer an Material wurden eingesetzt, um die Ereignislosigkeit des Dahinfließens und Verrinnens aufzuzeigen
und die Zeit als eine Drohne zu entlarven. Dichter haben erkannt, daß
Grenzmauern komische Dinge sind. Aber Plastikbahnen als Grenzen, die
nichts Bestimmtes von nichts Bestimmtem abtrennen, und das von vorn herein
nur auf vierzehn Tage – was sind sie anderes als Trojanische Pferde, die
versuchen, die Vorstellung, man könne wirklich etwas gestalten, von innen her
auszuhöhlen? Unterscheiden sich Christos Zaubertricks denn wesentlich von
den Weltwundern – den längsten Mauern, höchsten Türmen oder reichsten
Portalen? Wenn man sie einmal unter dieser Perspektive betrachtet, werden
die größten Denkmäler zu Anti-Denkmälern.

Eines der geistvollsten negativen Denkmäler ist Robert Venturis Beschwö-
rung von Benjamin Franklins Haus in Philadelphia, die leere bloße *Idee* eines
Hauses. Venturi hält sich treu an die Tatsache, daß es keinerlei Überbleibsel
dieses Gebäudes gibt und auch niemand weiß, wie es ausgesehen hat. So
konstruiert er den generalisierten Umriß eines Hauses aus übergroßen Metall-

Niemand weiß, wie es einmal aussah:
Hypothesenfeurige Rekonstruktion des Franklinschen Wohnhauses
in Philadelphia durch Robert Venturi, 1981.

röhren, grau angestrichen, farblos wie eine Hypothese. Auf den Fußböden dieses unbedachten Gebäudes finden sich zahllose Inschriften in Schiefer, Mitteilungen über die einzelnen Räume, die der wortgewaltige Franklin mit seiner Frau austauschte, während das Haus erbaut wurde.

Die Ironie besteht darin, daß Benjamin Franklin bei der Erbauung seines Hauses nicht dabei war und daher nur im allgemeinen schreiben konnte, wie er es haben wollte, und sich auch aus den Beschreibungen, die seine Frau ihm brieflich gab, nur ein ungefähres Bild machen konnte. Für einen Mann des Wortes ist ein solches verbales Denkmal sicherlich sehr passend; zugleich aber wird das Franklinsche Haus, weil es verschwunden ist, zu einem machtvollen negativen Symbol: es steht für den *Mangel* an Sorgfalt, der die Zerstörung zuließ, und für den Wunsch, das Versäumte rückgängig zu machen, wenn es längst zu spät ist.

Seltsamerweise zieht das Denkmal weitere Zerstörung nach sich: Die Flächen rundum wurden planiert, um mit Gärten à la Williamsburg bestückt zu werden, wie es sie an diesem Ort auch zu Franklins Zeiten nie gegeben hat;

denn das Gelände war damals dicht bebaut und voller schmuddeliger Hinter-
höfe. Venturis Denkmal ist zugleich subtil und verschwatzt. Rampen führen in
den Untergrund (sehr lang und von geringer Neigung, um den Bedürfnissen
der Behinderten zu genügen), sie sind die Nabelschnur zwischen dem Platz
und dem Museum darunter, das allerdings wenige wirkliche Schätze birgt.
Lautsprecher künden von Franklins Größe; der wichtigste war an dem Tag, als
ich das Museum besuchte, defekt.

Eine Geschichte der musealisierten Geburtshäuser von Personen von Rang
könnte nicht ohne Reiz sein. Ehedem pflegte man die bescheidenen Original-
häuser in die kostbarsten Materialien einzukleiden. So geschehen in Assisi, mit
der Kirche des heiligen Franziskus, die zwar viele Arbeiten von höchster
Spiritualität beherbergt, aber doch eine Perversion seiner Lehre darstellt;
großartig, wie sie nun ist, suggeriert sie sozialen Abstand.

Sicherlich leitete seine Anhänger guter Wille, als sie bald nach dem Tod
des Heiligen besondere Stationen seines Lebenswegs zu Orten der Verehrung
erklärten. Heute kann der Besucher seinen Schritten aus zweiter Hand und
ohne Zeitverlust folgen, er durchquert an vielen Stellen Drehkreuze und kann
sich des Gefühls nicht erwehren, daß der menschliche Maßstab durch Institu-
tionalisierung unkenntlich gemacht wurde.

Der heilige Franziskus ist zur Reliquie geworden, verpackt in einen
Schrein, der die Gläubigen auf Distanz hält. Nicht anders erging es den
Glocken und Holzstäben der irischen Heiligen, die nach dem Tod ihrer armen
Besitzer in prachtvolle, kreuzgeschmückte Behältnisse aus teurem Metall ein-
geschlossen wurden. Auch eine Nachfolgerin des Franziskus, die heilige
Katharina, liegt jetzt in einem scheußlichen Schrein, wo ihr sackleinenes
Gewand von gefangenen Nonnen hinter massiven Schranken vorgeführt und
erläutert wird – eine Szene aus einem Schauerroman. Ihr Grab ist eingekreist
von tunnelartigen Gängen von stilloser Prächtigkeit, die wie das Werk übereif-
riger Insekten aussehen; man hat aus Grab und Reliquien zwei unterschiedliche
Sensationen auf unterschiedlichen Ebenen gemacht.

Wieder ist es die Pietät, die ihr Objekt entstellt. Die bescheidenen
Räume der Katharina von Siena wurden in eine Pracht verwandelt, ein
Heiligtum folgt dem anderen ohne jede Logik, am Ende oder am Anfang
der Treppe, und nur die räumliche Verbindung hält die Erinnerung aufrecht,
daß dies einmal eine wirkliche Wohnstätte war, bevor diese seltsame
Verkleidung einsetzte. In jedem Raum wurden idealisiert gemalte Versionen
der Ereignisse an die Wände gezaubert, die sich gerade hier ereigneten,
oder auch von Ereignissen, die der ehemaligen Bewohnerin zustießen, als
sie nach Rom ging oder nach Avignon. Heute werden diese Leinwände als
Meisterwerke des 16. Jahrhunderts angesehen, als Beispiele für einen
bestimmten Stil, kaum noch als glaubwürdige Zeugnisse für die spirituellen
Erfahrungen der Heiligen.

Vielleicht gab und gibt es stets zwei Arten von Besuchern: die einen, die den Kruzifixus betrachten, der zu dem heiligen Franziskus sprach, oder jenen, von dem Katharina die fünf Wundmale empfing, sie leben und leiden mit den Heiligen. Die anderen sehen «ein erstrangiges Beispiel der toskanischen Malerei des 13. Jahrhunderts». Vielleicht lassen sich an solchen Orten Gefühlskrämer auf den ersten Blick von sogenannten Kennern unterscheiden. Vielleicht aber auch nicht. Möglicherweise vermeiden wahre Ästheten solche Gedenkstätten, weil sich hier die ästhetische Komponente aus den eigenen Reaktionen nicht fein säuberlich herausfiltern läßt.

Merkwürdigerweise kann das Arbeitszimmer oder der Schreibtisch von jemandem, den wir nicht lesen und nicht bewundern, genauso suggestiv wirken wie das Zimmer, wo ein von uns bewundertes Meisterwerk entstand. Schon, daß da *irgend jemand* schrieb, reicht aus, um bei uns die Vorstellung stundenlanger, ungestörter Gedankenarbeit hervorzurufen. Obwohl es schon gar nicht leicht ist, zu *sehen*, was man sieht, wüßte man doch gern, wie unzureichend zur Evokation des fehlenden Helden all die angesammelten Fundstücke für den *Sammler* sind.

Nur der schlechteste Geschmack verfiele darauf, an solchen Orten die Person, um die es geht, und seine Familie in Wachs nachzubilden. Denn hier geht es gerade um das Ambiente. Hier entfaltet die romantische Theorie, daß die Person ihre Umgebung prägt und umgekehrt auch die Umgebung die Person bestimmt, ihre ganze Wirksamkeit. Besteht wirklich so ein großer Unterschied zwischen dieser Art von Genius-loci-Theorie – Gegenstand und Schauplatz nicht zwei getrennte Sachverhalte, sondern ein Kontinuum – und dem Glauben des Reliquienverehrers, die Überreste eines Heiligen besäßen wundertätige Kräfte? Viele Betrachter haben diesen Glauben seit Jahrhunderten in ein Experiment umgewandelt: *Werden* diese Reliquien wirksam sein, eine bestimmte Krankheit heilen oder den Genius herbeirufen? Wollen wir es genau wissen, müssen wir es ausprobieren.

Denkmäler haben in der Regel nichts Experimentelles. Die meisten tun so, als wüßten sie, wozu sie da sind, besser jedenfalls als Franklins Haus in Philadelphia. Aber es gibt auch einige, die mehr Zweifel beherbergen, als sie eingestehen. Vielleicht hatte dieser oder jener Stifter eine neue Vorstellung von Größe und fragte sich, ob derjenige, dem sein Denkmal galt, wirklich solch ein Held gewesen war. Es gibt Fälle, bei denen das ganz offensichtlich wird; bei den Denkmälern obskurer provenzalischer Dichter an ihrem Geburtsort zum Beispiel, die uns anmuten wie Grabsteine, die unmittelbare Familienangehörige aufstellen lassen. Denkmäler für Leute, von denen wir niemals etwas gehört haben, sind nicht gerade ein Thema, das begeistertes Interesse hervorruft. In einem obskuren Flecken in der Basilicata kann man der Erinnerung an den Dichter dieses Städtchens, einen gewissen Orazio Flacco, kaum entkommen: Sein Haus wurde nachgebildet, wie man sich gegen 1930 ein römisches

Landhaus vorstellte, ihm gehört ein Platz und ein Standbild, und auch das Hotel, wo wir übernachteten, trägt seinen Namen. Obskure Flecken haben eben ihre Winkelprominenzen, dachten wir. Wahrscheinlich irgendein lateinischer Dichter, den keiner mehr liest. Erst zu Hause entdeckten wir, daß besagter Orazio der jedem Gebildeten vertraute Dichter Horaz ist. Dessen Werke sind nun zwar sehr lebensvoll, aber doch nicht mehr recht lebendig; Teil einer Kultur, die in den letzten hundert Jahren langsam im Nebel verschwand. Wenn man will, ist Horaz in der Tat dabei, zu dem unbekannten Dichter Orazio zu werden. Und die neuzeitlichen Gedenkstätten, die ihn an seinem Heimatort umlagern, tun das Ihre, um die Erinnerung einzutrüben: Seine Statue mit ihrer Muffigkeit des 19. Jahrhunderts, sein Haus mit dem falschen Pomp des Faschismus. Wie man früher an Horaz in seinem Heimatort dachte, wissen wir nicht; für ganze Jahrhunderte fehlen die geringsten Spuren.

Denkmäler für die Unbekannten und die Vergessenen, Denkmäler aber auch für diejenigen, die man lieber vergessen würde. Als Bartolomeo Colleoni starb, hinterließ er Geld, um dafür ein Standbild *seiner selbst* auf dem Hauptplatz von Venedig errichten zu lassen. Der venezianische Senat konnte oder wollte dieses Ansinnen nicht vollständig verwerfen, aber er verfügte, daß die Statue lediglich auf dem zweitgrößten Platz der Stadt aufgestellt werden sollte. Bei der Art und Weise, wie die Stadt organisiert ist, ist dies ein weit weniger prominenter und berühmter Ort als der Markusplatz, den Fremde selten aufsuchen. So setzten die Notablen den Condottiere zurück, engagierten aber einen Bildhauer, der eine staunenswerte Plastik schuf; sie nahmen mit der einen Hand und gaben mit der anderen reichlich zurück. Heute ist der «Colleoni» des Verrocchio berühmt, man betrachtet ihn aber häufiger als Abbildung in einem Buch als real auf dem Platz vor der Kirche Zanipolo – auf einer Reise durch die Kunstgeschichte gehört der «Colleoni» zu den berühmten Sehenswürdigkeiten, bei einer Reise nach Venedig kaum. Das Problem für seine Verehrer besteht darin, daß es ist, als wäre der Widmungsträger namenlos, irgendein ausgegrabener griechischer Kriegsheld ohne eine zugehörige Geschichte. Colleoni hätte darauf geantwortet, daß es einzig darauf ankäme, überhaupt in Bronze zu *überleben*, und nicht darauf, verstanden oder gar geachtet zu werden.

Denkmäler, die die menschliche Figur zum Maß aller Dinge machen, verwandeln die Person oft in ein einschüchterndes Schreckbild, indem sie sie mit erhobenem Arm auf eine hohe Basis stellen. Der erhobene Arm findet sich erstaunlich häufig bei Standbildern, die uns beeindrucken sollen, und das wirkt fast immer bedrohlich. Die riesige menschliche Gestalt auf der Gedenkstätte in Stalingrad, dem heutigen Wolgograd, stellt Rußland dar (wohlgemerkt: nicht als fremde Weltmacht, sondern als Identifikationsfigur für die Russen), verschreckt aber dennoch die winzigen Menschlein, die an ihrer Basis herumkriechen und hoffen, sie nicht aufzuwecken.

Links: Das Siegesdenkmal in Stalingrad. *rechts:* Die New Yorker Freiheitsstatue,
dräuend über dem Pariser Montparnasse.
Photographie vor ihrer Verschiffung nach New York.

Über die Freiheitsstatue im Hafen von New York ist schon mehr als ein
Buch geschrieben worden; sie ist zu einer Institution geworden, die ihrerseits
schon wieder Gedächtnisfeiern verlangt. Die Feier bei ihrer Wiederenthüllung
nach der Restaurierung muß die ursprüngliche Enthüllungszeremonie in den
Schatten gestellt haben. Auf den unvoreingenommenen Beobachter wirkt die
Gestik der Dame Freiheit jedoch keineswegs unbedingt tröstlich. Man könnte
sie auch als Warnung verstehen: «Bleibt weg!» oder als Bitte: «Bringt Licht.
Wir können hier nichts sehen!» Der volle Titel des Standbilds heißt: «Die Freiheit
erleuchtet die Welt». Davon ist nichts zu sehen. Der Titel ist aber auch
hoffnungslos unrealistisch; und auch ein sehr viel besserer Bildhauer hätte
Schwierigkeiten gehabt, sich damit verständlich zu machen.

Doch zu fordern, daß Bartholdi in seiner Arbeit eine lokale Wahrheit,
einen lokalen Bezug hätte gestalten sollen, heißt das Problem verkennen. Das
Denkmal stellt einen Wert dar, nicht eine Person, nicht einmal eine so faßbare
Gegebenheit wie «Rußland». Wie ein antiker Koloß steht die Statue ganz
richtig am Wasser, um von denen gesehen zu werden, die noch nicht gelandet
sind, womöglich vertrieben und heimatlos: viel häufiger aber wird sie von den
Menschen gesehen, denen sie den Rücken zukehrt und die wissen, daß die
Gestik eigentlich nicht ihnen gilt. Die Statue war ein Geschenk; unsichtbare

60

Das gigantische Eis am Stil von Claes Oldenburg:
Parodie auf die Wichtigkeit und den
Aussagereichtum von Denkmälern, Zeichnung 1965.

Bande zogen es wieder an den Ort seiner Entstehung zurück. Man hatte es in den Straßen von Paris zusammengesetzt und danach wieder auseinandergenommen; auf staunenerregenden Schnappschüssen türmt sich die Freiheitsstatue über die Dächer des Montparnasse und verzwergt diesen Hügel, wie sie später in mancher Hinsicht einen ganzen Kontinent verzwergen sollte.

Offenbar sprechen wir ihre Sprache nicht, selbst wenn ihre Gargantuahaftigkeit in der amerikanischen Malerei seit dem letzten Weltkrieg wiederkehrt und andere Schlüsse naheliegen. Doch der inspirierende Gehalt dieser Werke ist meist noch undurchschaubarer als bei Bartholdi. Claes Oldenburg, dessen Imagination konkreter ist als die der meisten anderen Künstler, fertigt Kolosse an, die zugleich unpersönlich und höchst dramatisch sind, eine Art Personengeröll. Sein riesiges Eis am Stiel, das wie ein umgekehrter, verzagter Wolkenkratzer zwischen zwei Gebäudezeilen schmilzt, blockiert den Verkehr nur deshalb nicht ganz, weil ein Riesenkind eine Ecke abbiß, bevor es seine Schleckerei fallen ließ, und nun können die Autos durch diese ausgezackte Öffnung geleitet werden.

Das Denkmal gemahnt an einen großen Unfall, an eines der Dinge, die in Straßen tatsächlich passieren, aber besser vergessen werden und unter normalen Umständen Tagesgespräch bleiben. Wenn man nichts unternimmt, ist ein Eis am Stiel innerhalb kurzer Zeit zermanscht, und was bleibt, ist ein Fleck. Nun kommt der verflixte Künstler und richtet unsere Aufmerksamkeit auf eine riesige Vergrößerung dieser Lappalie und fixiert sie in einem Gebilde, das, wenn wir einmal von der Assoziation: klebrig, eklig, viel zu süß, absehen (Eis am Stiel ist immer zu süß, und dieses riesige erst recht), durchaus die Qualitäten der Monumente von Stonehenge besitzt.

Gewöhnliche Denkmäler sollen Zierden sein, keine Hindernisse. Steht ein Monument in Amerika einer neuen Verkehrsader im Weg, dann wird es einfach versetzt. Es ist unvorstellbar, daß man in Amerika alte enge Stadttore erhielte, die auf den Verkehr wie Baustellen wirken und die Straße zu einem Feldweg zusammenquetschen. Damit soll nicht unbedingt behauptet werden, daß Oldenburgs Idee einen geheimen, europäischen Ursprung hat; jedenfalls aber erfindet er eine Welt, in der wir unsere Monumente erleiden müssen. Und es bedeutet entschieden mehr, wenn sie tatsächlich unbequem sind und dem Alltag in die Quere kommen, statt ihm aus dem Weg zu gehen.

Oldenburg ist dazu noch ein Manierist, der mit doppelten Bedeutungen spielt. Das Denkmal, das er sich für den Anflug auf Toronto ausdachte, steht, wie das Eis am Stiel auf dem Kopf: ein Abflußrohr, das in den Ontariosee führt. Sein Wasser muß von irgendwoher gekommen sein; das Abflußrohr verweist auf Ursprünge. Der See aber sammelt auch die Abflüsse der Stadt; als Oldenburg das Projekt plante, war der Ontariosee eines der am stärksten verschmutzten Gewässer auf der Welt. Das Denkmal bildet auch ein T für Toronto und hat Rutschen und Absprungschanzen für Wasserski – der Weg des Abwassers als Erholungsfahrt. Wie die Freiheitsstatue könnte das Denkmal zu einem Witz werden, den die Stadt über sich selbst macht, es wäre nicht mehr nur ein launischer Einfall Oldenburgs, sondern ein Denkmal, das, anders als die meisten, nicht einschüchtern würde.

Eine Sache allerdings wurde ausgelassen: Oldenburg hat niemals daran gedacht, seine Ideen für Denkmäler auch wirklich bauen zu lassen. Vielleicht würde er sie gerne bauen, aber er hat sich die Verwirklichung unvergleichlich schwer gemacht. Denn sie sind einerseits nutzlos wie die besten Denkmäler (der *Admirality Arch* in London verliert viel an Reputation, weil er Büros enthält), andererseits übersteigen sie die gegenwärtig vorhandenen technischen Möglichkeiten, und schließlich wären sie unbeschreiblich teuer. Vor allem aber sind sie ein Affront gegen die Würde und Gemessenheit, die ein Denkmal ausstrahlen soll.

Einer seiner provokantesten Entwürfe galt London: Zwei riesige Toilettenflöße sollten in der Themse schaukeln. Mittels langer Verbindungsarme sollten sie an beiden Seiten der *Westminster Bridge* befestigt werden. Zwei sollten es sein, um dem großen Kunstgesetz, der Symmetrie, zu genügen – nicht irgendeiner konstruktiven Regel des Toilettenbaus. Der Entwurf geht von der Tatsache aus, daß die Themse Gezeiten hat und sehr schmutzig ist; Ebbe und

Oldenburgs *Vorschlag für ein Kolossalmonument
auf der Themse* – zwei riesige Ballonflöße
als öffentliche Bedürfnisanstalt.

Fluten arbeiten wie eine Spülung, aber unvollkommen. Das Denkmal ist eine
unerwartet mitteilsame Idee, keineswegs destruktiv. In Wirklichkeit allerdings
verunstaltet es nicht London, sondern lediglich ein kleines Stück Karton. Denn
Oldenburg hat seinen Entwurf auf eine Postkarte gezeichnet, auf eine dieser
Scheußlichkeiten, wie es sie von jeder Stadt gibt, hier mit Themse und
Parlamentsgebäude. Oldenburg macht sichtbar, was ist: Die Themse bietet in
Wahrheit einen scheußlichen Anblick und keineswegs den schönen blauen
Wasserspiegel, wie ihn die retuschierte Abbildung zeigt.

Von allen überdimensionierten Denkmälern ist das von Mount Rushmore
eines der absonderlichsten. Die Köpfe der vier Präsidenten Washington,
Jefferson, Roosevelt und Lincoln wirken zusammengezwängt. Kilometerweit ist
dieses Denkmal das einzige Zeichen von Kultur. Warum also so dicht gedrängt?
Ein Teil der Antwort besteht darin, daß der Felsen wegbrach und daher zwei
der Präsidenten ungeschickt in Ecken gesetzt werden mußten, was der Bildhauer gar nicht beabsichtigt hatte. Für sein Pech kann man den Künstler nicht
verantwortlich machen, wie kommt es aber, daß man dieses groteske Resultat
noch immer für eine Großtat hält? Trotz der Saga vom Kampf um die Mittel

Mount Rushmore in South Dakota.
Die Köpfe von links nach rechts:
Washington, Jefferson, Theodore Roosevelt und Lincoln.

zum Bau und um Anerkennung bleibt das Denkmal ziemlich unaufrichtig. Von diesen größten aller Gartenzwerge, auf dieser größten aller Reklametafeln werden weniger die amerikanischen Tugenden angepriesen als vielmehr Gutzon Borglum, der Künstler, selbst, der die Fahne der Zivilisation an einem Ort aufpflanzte, wo man wirklich darauf verzichten könnte.

Gigantische Köpfe sehen immer ein wenig wie abgeschlagen aus. Immerhin läßt sich so, wenn auch plump, übermenschliche Größe darstellen. Obelisken, eine andere stellvertretende Darstellung für ein Individuum, zeigen dieses als halb-abstraktes Ganzes, genauer: sie reduzieren es auf einen weniger charakteristischen Körperteil, auf Zeigefinger oder Phallos. Mussolinis Monolith auf seinem neuen Forum in Rom war noch eine der elegantesten und zurückhaltendsten unter allen diesen Bekundungen übermäßiger Selbstgefälligkeit.

Das Denkmal für Washington hat eine komplizierte allegorische Funktion innerhalb der Gesamtplanung der amerikanischen Hauptstadt. Als Angelpunkt verknüpft es die vielen Institutionen der Stadt und symbolisiert zugleich die wesentliche Rolle des Gründungspräsidenten, der Exekutive und Legislative, Stadt und Fluß, Maryland und Virginia als harmonisches Ganzes sehen wollte. Dann aber erschienen Nachlässigkeit oder Bosheit auf dem Plan, und dieser markante Punkt, der mit dem Kapitol und dem Weißen Haus ein Dreieck bildet, wurde zur Seite verschoben, so daß sich kein rechter Winkel mehr bilden ließ und die Nord-Süd-Achse zerstört wurde. Das Denkmal hat nun seine verdunkelte Symbolfunktion für das amerikanische Regierungssystem, und vielleicht

Das *Walter Scott Memorial* in Edinburgh,
entworfen von G. Meikle Kemp,
1840–1844.

macht es auch oder vielleicht macht es auch nicht eine Aussage über den
General, als dessen wesentliche Charakterzüge sich Stärke, blanke Dummheit
oder monomanische Besessenheit extrapolieren ließen.

Die Beziehung zwischen einem Turm und dem, was er symbolisiert,
können aber noch obskurer sein. Der Eiffelturm ist nur mehr das Skelett eines
Turms, eine weitergehende Abstraktion einer Idee, die für sich genommen
schon sehr skelettartig ist. Heute symbolisiert dieses Bauwerk Paris, warum nur
und wie? Als der Eiffelturm gebaut war, erkannte jedermann darin sogleich
eine Beleidigung für das Auge und erwartete, daß man ihn wieder abreißen
würde. Wie ein Berg ist der Eiffelturm ein Symbol einfach dadurch, daß er
dasteht.

Das Denkmal für Walter Scott in Edinburgh ist eine pittoreske und
gespinstige Version der gleichen Idee, weniger ein Turm, eher eine Kirchturmspitze, die auf den Boden gepflanzt wurde und einen winzigen Raum in der
Mitte umschließt. Die Verbindung Scotts mit dem gotischen Stil ist ziemlich weit
hergeholt: Zwar schrieb er Romane, die im Mittelalter spielten, wichtiger war
aber, daß er den Schotten ihre Vergangenheit zurückgab, sie wieder zu Fleisch
und Blut werden ließ. Deshalb vielleicht erschien eine Verbindung von Tempel
und Kirchturm passend.

Lenin hätte eine ähnliche Kombination abbekommen, wären die Entwürfe
nicht in dem sumpfigen Untergrund der Moskwa versunken. Der preisgekrönte
Entwurf für den Palast der Sowjets (wie kann eine Körperschaft der Arbeiter
nur einen Palast haben wollen? Wohl nur, wenn die Macht bereits monarchisch

Entwurf für den *Palast der Sowjets*
in Moskau mit dem riesigen Lenin
auf der Spitze, 1934.

organisiert ist) zeigt eine Kolossalstatue auf einer Säule, die so hoch ist, daß
sie einer der höchsten Wolkenkratzer der Welt geworden wäre. Von dieser
Mischbildung hätte das *Empire State Building*, hätten alle anderen menschlichen Bauwerke an Höhe übertroffen werden sollen. Ja, der Entwurf wurde
sogar revidiert und die Statue Lenins vergrößert, nur um mit den neuesten
amerikanischen Bürohäusern Schritt zu halten. Wie hätte sich dieser Prozeß
wohl fortgesetzt, sobald das Gebäude einmal errichtet gewesen wäre?

Jedenfalls hätte dieses Gebäude erstaunliche Dinge enthalten. Der gigantische Sockel dieser 80-Meter-Ikone hätte große Versammlungsräume aufge-
nommen, wo unter dem Bild des redenden Lenin wirkliche Reden gehalten
worden wären. Aber es ist wohl in diesem Zusammenhang naiv, von wirklichen
Reden zu sprechen – Redezeremonien wären abgehalten worden, und die
Massen auf diesen Versammlungen hätten als stummes Denkmal fungiert.

Das Bauwerk kam zwar über das Postkartenstadium hinaus, aber es wuchs
nur langsam, weil es gar zu verblasen war. Ein Jahr vor Kriegsausbruch
schluckten allein die Fundamente 17 Prozent der nationalen Stahlproduktion:
ein Volk, das sich selbst beinahe umbringt, um ein Symbol zu schaffen.

Die endlose Säule
von Constantin Brancusi,
1937.

New York ist, je nach Betrachtungsweise, aufgeladen mit Symbolen oder frei davon. Von weither, etwa von Rußland aus, kann man die Stadt für eine Ansammlung von Säulenmonumenten halten, die etwas Erhabeneres bezeugten als bloß Triumphe der Wirtschaft. Das *Rockefeller Center* ist eine hochgemute Verwandlung des Fetischs Höhe in städtische Annehmlichkeit. Es könnte ein gutes Studienobjekt für Gesellschaftswissenschaftler sein.

Am metaphysischsten von allen aber ist Constantin Brancusi mit seiner Endlosen Säule – ein Scherz auf ein Konzept, das versucht, keines zu sein, und das so die Ordnung der Dinge umkehrt.

Normalerweise wachsen Säulen nicht nach oben, sondern sie drängen unter Last nach unten. Dann kam als erstes die Säule – im antiken Rom –, die kein Dach mehr trägt, sondern völlig frei von ihren konstruktiven Pflichten ein unabhängiges Ganzes bildet, das einen Platz bezeichnet oder ein Ereignis in Erinnerung bringt. Und dann kommt Brancusi, der der Säule keinen Abschluß gönnt, sondern sie weiter wachsen läßt wie eine Pflanze und so eines der gefährdetsten Kunstobjekte der Welt schafft, das dem Gesetz der Schwere und dem Tode trotzt.

Das Küssende Tor
von Brancusi entstand
ebenfalls 1937.

Triumphbögen sind von selbst paradox; auch sie sind ein Teil der Konstruktion, das sich von der baulichen Struktur abgelöst hat. Sie erscheinen wie eine Perversion des baulichen Elements, das Öffnungen oder Eingänge in Wänden schafft. Lutyens analysierte diese Form mitleidlos und schuf als Denkmal für die englischen Kriegstoten in Thiepval in der Pikardie ein Bauwerk aus ineinander verschachtelten Bögen, eine Häufung von Bögen, die die Leere zu vervielfältigen scheint.

Triumphbögen sind Bauwerke, die im Handumdrehen fertiggestellt sind. Ursprünglich waren sie Stationen auf einem zeremoniellen Weg und gaben dem Helden die Möglichkeit, die Stadt immer wieder fußfällig zu betreten; ein so grotesk-pompöser und zugleich fiktionaler Vorgang, wie ihn nur ein aufgeschwollenes Weltreich verdauen konnte. Der *Grundriß* des Triumphbogens von Lutyens macht deutlicher, warum dieses Bauwerk die eindrucksvolle Sinnlosigkeit der vielen englischen Kriegstoten in Frankreich so gut ausdrückt: Er gleicht einer komplizierten Summe von Brüchen, deren Resultat Null lautet.

Noch brüsker als Lutyens reduziert Brancusi das prahlerische Wesen und die Inflation von Tausenden von Triumphbögen zu bloßem Gelächter. Sein

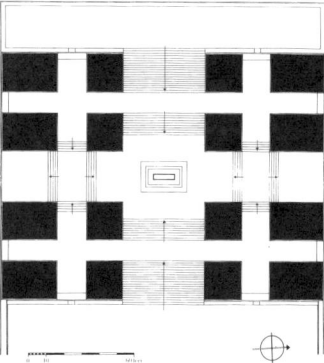

Der Grundriß und das Denkmal für die
an der Somme gefallenen englischen Soldaten in Thiepval.
Entwurf von Edwin Lutyens, 1924.

«Küssendes Tor» ist ein Scherz auf Kosten des Pomps. Die Bögen «küssen» sich,
sie kommen von zwei Seiten, um sich über einem leeren Raum zu vereinigen,
und bleiben fortan zusammen. Brancusis Werk küßt und beschirmt die, die sich
küssen. Der Sturz wird von vier Paaren hochgehalten, die jedes in abstrakter
Form zueinander findende Lippen darstellen.

Dieser Bildhauer gibt der bekannten Stummheit der Denkmäler einen
erotischen Beweggrund. Am anderen Ende der Skala befinden sich Denkmäler,
die offenbar schon mit fertigen Reden geboren wurden. Es gibt eine ganze
Klasse von Mahnmälern, die den Betrachter mit Schlagworten und Reden
aufrütteln wollen. Sie mögen vielleicht weniger subtil sein, sind aber für das
Bedürfnis der Menschen, daß alles gesagt und nichts verschwiegen wird,
höchst befriedigend. Eines der bewegendsten Mahnmäler der USA besteht aus
zwei schwarzen Platten, die wie zwei halb vergrabene Seiten eines riesigen
Buchs aussehen. Auf diesen Platten befinden sich 500 000 eingravierte
Namen. Wenn man das Mahnmal so beschreibt, scheint es ungefähr so
interessant zu sein wie das Telefonbuch. In Wahrheit aber ist es eines der ganz
wenigen fast adäquaten Gefallenendenkmäler. Die große Zustimmung, die es

Der polierte schwarze Stein des
Washingtoner *Vietnam Memorial* trägt die 500.000 Namen
der in Vietnam gefallenen oder vermißten Amerikaner.

gefunden hat, zeigt, daß Denkmäler manchmal eine durchaus heilsame Kraft
auf die Gesellschaft auszuüben vermögen.

Das *Vietnam Memorial* ist eine weitere Decke, die über diesen Krieg, in
dem so viel gelogen wurde, gebreitet wird. Von der Rückseite wirkt das
Denkmal wie begraben; kaum daß es die Oberfläche durchbricht. Aber diese
unemphatische Präsenz hat die unerwartete Kraft, die Menschen wie in eine
offene, noch schwärende Wunde hineinzuziehen, ein Riß in der Oberfläche,
der die Aufmerksamkeit schmerzhaft auf sich zieht. Steht man hinter dem
Denkmal – niemand tut dies, denn da gibt es nichts –, sieht man nur zwei
ordentliche Reihen von Besuchern, die gleichsam im Erdboden verschwinden,
eine danteske Szene. Wenn man aber vor diesen Seiten steht, wird man ein
Teil der Kommenden und Gehenden, man verweilt, um einen Namen mit der
Hand nachzufühlen, wie wenn man blind wäre, oder man versucht, einen
bestimmten Namen vor die Linse des Fotoapparats zu bekommen – ein
hoffnungsloses Unterfangen ohne Wegweiser, die das Denkmal aber nicht hat.

Das gewaltige Ausmaß des geschichtlichen Ereignisses drückt sich in der
Winzigkeit der einzelnen, kaum lesbaren Namen der Opfer in einem Ozean von
Tausenden von Namen anderer Opfer aus. Das Denkmal schafft sich Schwierig-
keiten und schafft uns Schwierigkeiten: Die Gefallenen sind nicht alphabetisch,

sondern chronologisch aufgeführt. Aber verzeichnet die Chronologie den Tag des Todes oder den Tag, an dem uns die Nachricht erreichte? Deshalb muß es Registraturen in der Nähe geben, die die Namen alphabetisch aufführen. Es gibt sie, sie sind genau wie Telefonbücher und weisen einem den Weg zu der bezeichneten Kolumne. Als System erinnert das Denkmal an eine altmodische Bibliothek, in der die Bücher nach dem Datum des Eingangs aufgestellt sind.

Und es gibt weitere Schwierigkeiten. Die Auflistung beginnt am rechten Rand dieser keilförmig gestalteten zwei Seiten, zuerst ziemlich groß wird sie kleiner und kleiner, bis sie am anderen Rand der Seite verschwindet und dann wieder als Abbruch auf der anderen Seite beginnt. Drückt diese Verdoppelung Unsicherheit aus oder eine Komplexität der Gefühle? Soldaten, die im gleichen Monat fielen, befinden sich an entgegengesetzten Enden in diesem seltsamen Buchstabenuniversum.

Wie würde sich wohl einer der Vermißten (auch sie sind aufgeführt) fühlen, wenn er schließlich zurückkäme und hier seinen Namen läse? Vielleicht weniger verwirrt als wir denken. Es ist nicht so, als fände er sich auf einer Litfaßsäule wieder. Die Namen sind auf eine bestimmte Weise unlesbar: Zwar werden sie regelmäßig gereinigt und aufgefrischt, aber es sind eben so unendlich viele auf so kleinem Raum. Es ist selten, daß Denkmäler eine Aktivität erfordern, die über zielloses Herumschlendern und über leeres Gaffen hinausgeht.

Aber vielleicht war diese danteske Lebendigkeit von der Künstlerin des Denkmals gar nicht beabsichtigt. Die Registraturen wirken nicht, als gehörten sie zu dem ursprünglichen Entwurf. Vielleicht hatte niemand vorausgesehen, daß die Liste in dieser lebendigen Weise genutzt werden würde. Die Leute kamen aber, weil sie einen bestimmten Namen finden wollten. Obwohl hier niemand begraben liegt, wirkt das Monument wie ein idealer Kirchhof, wo die Toten nicht ununterscheidbar dem Vermodern preisgegeben werden, sondern ein jeder für sich genommen und zum Zentrum individuellen Angedenkens gemacht wird. Ansammlungen von Denkmälern werden nur zu häufig zu übervölkerten Städten, wo keiner mehr einzeln sichtbar ist, oder wo einige wenige nach der Laune des zufälligen Betrachters herausgegriffen werden.

Einmal wird sich der Charakter des *Vietnam Memorial* ändern, wenn das Ereignis nicht mehr so schmerzt und diejenigen nicht mehr leben, die sich an die Menschen erinnern, aus deren Namen das Denkmal besteht. Einmal wird auch dieses Mahnmal leer werden und sich auf ein von allen, außer den Historikern und den Historikern in uns, ganz vergessenes Ereignis beziehen. Solange die Erinnerung noch lebendig ist, hält dieses Monument es auf sprechendere Weise wach, als jemand dies je hätte voraussagen können. Vielleicht wird einmal ein Prozeß von Antworten folgen, wenn dieses Denkmal so rätselhaft erscheinen wird, daß es der Erklärungen bedarf – und dann wird es berühmt bleiben, weil es in einer Stadt, die so weiß und prunkvoll ist, so schwarz und unscheinbar dasteht.

Fortifikationen, Idealstädte

Fortifikationen werden erst dann als übergroße Skulpturen betrachtet und zu Denkmälern gemacht, wenn sie außer Gebrauch geraten sind. Denn selbst die Verteidigungsanlagen des eigenen Landes sind, solange sie ihre Aufgaben erfüllen oder solange man zumindest glaubt, sie könnten dies noch, nicht gerade ein erfreulicher Anblick. Sensible Menschen des Mittelalters werden sich beim Durchschreiten von Stadttoren Mordszenen ausgemalt haben; ähnlich erginge es uns vor dem Anblick von Raketensilos, wenn wir sie denn überhaupt zu Gesicht bekämen. Heute aber sind alle architektonisch wertvollen Befestigungsanlagen so sehr überholt, daß wir uns nicht einmal mehr die Mühe machen, festzustellen, welche von ihnen in technischer Hinsicht moderner war – nicht anders, als wir dies mit alten Automobilen machen, seien sie nun von 1930 oder von 1950.

Anlagen, die ehedem zur Abschreckung dienten, sind zu Kuriositäten geworden, die man sich auf Ausflügen oder Reisen anschaut. Nun hat zwar die menschliche Aggressivität nicht abgenommen, aber bestimmte Formen von Gewalttätigkeit gibt es nicht mehr: die Städte der Toskana zum Beispiel brauchen sich heute nicht mehr vor dem jährlichen Einfall marodierender Söldnerheere zu fürchten. Zwar wird niemand mehr so ganz Ruskins Ansicht teilen, daß Kriege einer Gesellschaft guttun, trotzdem ist in fast allen populären Darstellungen der mittelalterlichen oder frühmodernen Geschichte ein gewisser Neid spürbar, daß dieses mittelalterliche Italien so viel Kraft und Energie besaß; und dafür scheinen die vielen Kleinkriege der sicherste Beweis.

Das moderne Interesse an gewaltigen verlassenen Verteidigungsanlagen ist also nicht nur ein reines Interesse an der Form. Wenn wir uns aber andrerseits verdeutlichen, daß die Florentiner Michelangelo zum Entwerfen von Befestigungsanlagen heranzogen, oder wenn wir die in zwei deutlich unterschiedenen Farben gehaltenen Mauerstreifen von *Caernarvon Castle* betrachten, steigen Zweifel auf, ob denn die Absichten früher immer rein funktional waren. Ein derartig einseitiger Zweck ist vielleicht gar nicht so leicht umzusetzen, aber doch lehrt ein Blick auf viele Fabrikgebäude, daß sie nicht betrachtet werden wollen: In mancher Hinsicht tun sie so, als wären sie gar nicht vorhanden. Die Burgen oder Kastelle hingegen, die in Verbindung mit Städten standen oder um die eine Stadt wuchs, sind Teil einer bewußten Zurschaustellung.

Zugegeben, die Kastelle aus dem 13. Jahrhundert in Wales (neben Caernarvon vor allem Rhuddlan, Conwy und Beaumaris) stellen Sonderfälle dar. Wie die Stadtkirchen Christopher Wrens bilden sie eine Serie; ihre Architekten trugen Sorge, daß sich die einzelnen Bauwerke nicht wiederholten und doch als Typus erkennbar waren – ähnlich wie Schneeflocken. Dieser Typus ist teilweise traditionell und teilweise eigene Erfindung. Natürlich haben nicht viele Waliser alle diese Schlösser besucht, um die erfindungsreichen Variatio-

Mehrfarbige Mauerstreifen und
polygonale Türme:
Caernarvon Castle in Wales.

nen über eine kleine Zahl von Themen – Eckigkeit, Rundheit, Agglomeration –
zu bewundern, aber es lag in der Absicht, daß man sie als solche sehen könnte.
Vielleicht stellte man sich einen Kenner vor, der auf seinem Londoner Schreibtisch die einzelnen, wie Edelsteine aussehenden Grundrisse betrachten, ja sie
vielleicht sogar vergleichend übereinanderlegen würde, anstatt durch Wales
zu stiefeln. Bis heute ist es nicht leicht, alle Grundrisse dieser Schneeflocken
zusammen zu sehen – eine derartige Betrachtung bietet jedoch das größte
Vergnügen, welches das gesamte Projekt zu bieten hat.

Die zugehörigen Städte sind in den letzten Jahrhunderten sehr gewachsen,
werden aber immer noch von diesen Kastellen beherrscht. Wahrscheinlich
hängt der Charme von Wales auch damit zusammen, daß der nationale
Charakter so sehr dem Grandiosen abgeneigt ist, daß es keine wirkliche
Architektur hervorbrachte, sondern nur Wohnstätten, Schuppen und kleine
Versammlungsstätten, aber es wurmt die Waliser doch, daß viele der stolzesten
Bauwerke in ihrem Land ausgerechnet englische sind.

Man mag darüber Befriedigung empfinden, daß diese den Walisern
aufgezwungenen Monumente heute Ruinen sind, doch das bleibt eine zweischneidige Sache. Geht man unter den Mauern von *Caernarvon Castle*

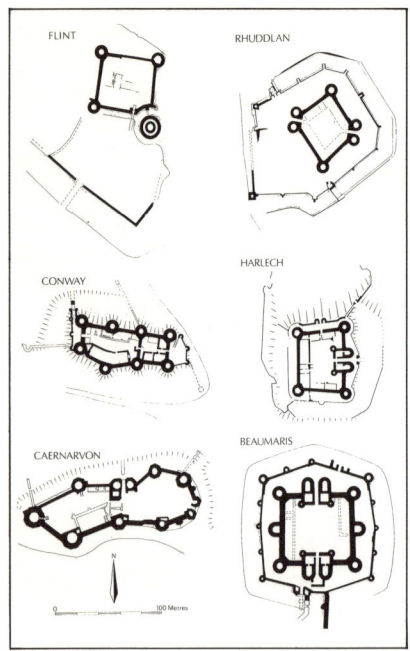
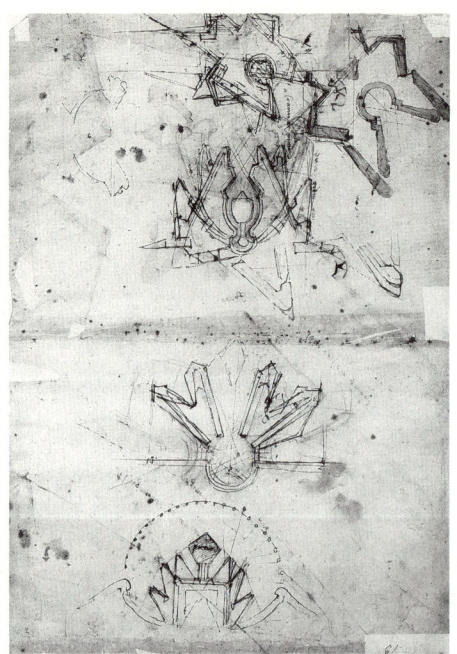

Fortifikation als Kunst.
links: Grundrisse von sechs Festungen in Wales, aus dem 13. Jh.
rechts: Entwurfsblatt Michelangelos für Befestigungsanlagen in Florenz.

spazieren, fühlt man sich auf höchst unterhaltsame Weise unterdrückt. Anstelle der üblichen runden uneinnehmbaren Bastionen findet man hier, an diesen entscheidenden Punkten, extra zerklüftete Formen; jeder Turm hat Spitzen wie ein Schiffsschnabel; er wirkt wie ein riesiger Seeigel, in dem oder mit dem sich trotz seiner großen Dimensionen schlecht leben ließe.

Mehr noch aber als die kristalline Form des Kastells beeindrucken die mehrfarbigen Bänder, die so sorgsam in sein Mauerwerk eingewebt wurden. Hier zeigt sich eine Absicht, die mit den Notwendigkeiten der Verteidigung unvereinbar scheint. Entweder ist dieses In-Schale-Werfen des Gebäudes Prunkentfaltung oder verächtlicher Hochmut: Man hat die beiden verschieden-farbenen Steine in unregelmäßigen Streifen so vermauert, als handle es sich um eine Einlegearbeit. Mit der stilisierten Zerklüftetheit der Form geht also eine dekorative Behandlung der Außenmauern einher, wie man sie sonst bei Kastellen dieser Epoche nicht findet.

Michelangelo wurde im Jahre 1528 beauftragt, neue Bastionen und Tore für die bereits vorhandenen Befestigungsanlagen um Florenz zu entwerfen, weil sich die Stadt von französischen Truppen bedroht sah. Keiner der Entwürfe

74

scheint wirklich gebaut worden zu sein. Entweder schritten die Ereignisse zu schnell voran und die französischen Armeen überwältigten die Stadt, bevor man anfangen konnte zu bauen, oder aber man bezweifelte die Qualität der Entwürfe des Künstlers.

Sie sind jedoch in eindrucksvollen Zeichnungen überliefert. Die häßliche Notwendigkeit dieser Zweckbauten spornte Michelangelo an, eine seltsame neue Gliederanatomie zu entwerfen, die deutlich unter dem Einfluß seiner Studien an Skelett und Muskulatur steht. Die Entwurfszeichnung eines Tors erinnert an einen Standardtypus manieristischen Ornaments, der dadurch entsteht, daß man architektonische Formen durch den verzerrenden Filter der menschlichen Körperform preßt. Dieses scheinbare Ornament wird hier zusammen und in Spannung gehalten durch ein System gerader Linien, die nichts anderes darstellen – so dämmert es uns – als Zielgeraden, um auf die Angreifer zu feuern. Bedrohung hat das simple Prinzip des Hineinkommens zu einem komplizierten gemacht, voll von Zögerlichkeiten und Hintergedanken. Heute genießen wir daran das Doppelbödige – das immer ein intellektuelles Wortspiel ist – zwischen zwei Formwelten: der kristallinen und der organischen. Wahrscheinlich hätte der Architekt, wenn wirklich gebaut worden wäre, darauf am wenigsten Rücksicht genommen.

Thomas Tresham, ein englischer Manierist, verwendete weit hergeholte Analogien als schützende Verkleidung, um seine eigentliche Gesinnung vor spähenden Augen zu verbergen. In einem Lande, in dem man sich überall von Katholiken verfolgt glaubte, lebte er als Katholik. Man glaubt, daß ihn deshalb Notwendigkeit dazu trieb, seine Botschaften zu verschlüsseln – er wäre also nicht von Natur aus, sondern von den Umständen gezwungen zum Manieristen geworden. Auf den Wänden seiner Gefängniszelle fanden sich endlose Berechnungen mit versprengten Buchstaben dazwischen, die für ihn bestimmte Daten aus der Heilsgeschichte oder dem Leben der Maria bezeichneten.

Als er aus dem Gefängnis kam, konnte er seine langgehegten Pläne für komplizierte, nutzlose und eben auch abwehrende oder abweisende Gebäude verwirklichen. Er plante drei Gebäude, von denen nur eines, das kleinste und reichste (aber alle drei sind klein und reich), bis zur Vollendung gedieh. Es gleicht einer uneinnehmbaren Festung und ist funktionslos, vielmehr: seine scheinbare Funktion ist eine ganz alltägliche.

Heute als das *Triangular Lodge* bekannt, schmückte es das Gelände um sein Landhaus in Rushton bei Northampton; seine verstörende Botschaft erreichte also nicht viele feindliche Augen. Dies Gebäude, dessen Architekt die lateinische Drei (*tres*) in seinem Namen führte, wurde in drei Jahren vollendet. Es hat drei Seiten (Gottvater, Sohn und Heiliger Geist) und drei Stockwerke; auch bei den einzelnen architektonischen oder ornamentalen Details tritt die Drei vielfach in Erscheinung: drei Giebel, drei Reihen von je drei Fenstern, drei Stufen an der Tür, 33 Buchstaben in allen Inschriften auf den

Thomas Treshams *Triangular Lodge* in Rushton, Northamptonshire.
Hier lebte ein Knecht, eingehaust in die
theologischen Spekulationen seines Herrn.

Gesimsen und eine große Menge ornamentaler Dreiecke und Dreiblätter. (Tresham führte drei Kleeblätter als Wappen.)

Tresham fand sich in der erregende Lage, daß mit der Erwähnung seines Namens immer auch die Erwähnung Gottes verbunden war. Das T war Zeichen sowohl für diesen Landedelmann aus der Grafschaft Northampton wie für den Dreieinigen, der das Universum beherrscht und dessen gelehrter Name, die Trinität, ebenfalls mit dem T beginnt. Trotz aller Konzentration auf diese Zahlen- und Buchstabenmystik bleibt diese kleine Festung, die dem Betrachter Schwindel verursacht, weil ihre Höhe gegenüber den anderen Dimensionen so übertrieben ist, doch nur ein Scherz oder eine Kopfgeburt. Das Gebäude ist nur ein Zeichen und enthält nichts; Tresham fiel keine andere Nutzung ein, als dort den Mann unterzubringen, der sich um seine Kaninchen kümmerte.

So handelt es sich um einen der ersten reinen Blickfänger in einem Garten; ein obskures Stück Architektur, von dem man erwarten würde, daß es etwas Kostbares bewahrt, während es sich tatsächlich in seinem Anblick ganz und gar ausgibt und erfüllt. Wie bei einem Fort beginnt und endet alles mit der Mauer, die verblüfft und zugleich abweist. Ist diese erst einmal zerbrochen, wird das stärkste Bauwerk zum allerschwächsten.

Die Geschichte der Fortifikationen ist reicher, als solche Paradoxe ahnen lassen. Die Erfindung neuer Angriffswaffen hat die Architekten von Verteidigungsanlagen immer wieder vor neue Probleme gestellt. Als Ende des 15. Jahrhunderts Metallkugeln und Explosivgeschosse aufkamen, verursachte dies eine Regression in der architektonischen Gestalt von Befestigungen. Plötzlich waren die hohen Mauern verletzlich geworden, und keine Basis konnte mehr zu dick oder zu stabil sein. Damals entstanden Anlagen wie jene in Salses, die die Spanier in Roussillon errichteten und die heute ein einsamer Überlebender aus dieser bedeutenden Gruppe ist.

In Salses wirkt die kristalline Geometrie der Kastelle des späten Mittelalters durch die Hinzufügung mächtiger Hüllen von Mauerwerk wieder wie in die Landschaft zurückgesunken; es scheint, man habe mit einem klaren sternförmigen Grundriß begonnen und diesen durch immer neue Ummantelungen schließlich in ein ungeschlachtes Agglomerat verwandelt. Das Resultat erinnert an die primitiven Wälle der romanischen Zeit, mit einem ausgehobenen Graben um das Gebäude und Erdwällen jenseits des Grabens. Manchmal existieren solche Anlagen noch, wie jene in Berkhamsted, allerdings ohne die zunächst hölzernen, später steinernen Ergänzungen aus der Zeit, als man schwankende Türme auf erhöhten Wehrgängen für ein Zeichen der Stärke hielt.

Die Ähnlichkeit zwischen der überlegt geplanten Anlage in Salses und der bescheidenen in Berkhamsted führt darum ein wenig in die Irre. Berkhamsted steht am Beginn des Wegs zu einer ausgeprägten Grundrißform, während Salses mit seiner schwerfälligen Verkleidung schön gestalteter Formen geradezu wieder in die Erde zurückgezogen wird.

Für uns heute ist Berkhamsted ein Stück Landschaft, das kaum künstlich zu nennen ist, mit menschengeschaffenen Tälern und Hügeln, die gerade steil genug sind, daß es uns gelüstet hinaufzuklettern. Wie sehr uns auch auffällt, daß Salses zu eingegrabenen Formen zurückkehrt und wieder Teil der Geologie wird – niemand muß uns erzählen, was diese Anlage einmal war. Ohne erklärende Bemerkungen hingegen würde man nicht vermuten, daß in Berkhamsted zunächst die Hügelchen als Schutz errichtet wurden und erst später die Siedlung.

Aus vielen Gründen sind Hügelbastionen aus prähistorischer Zeit noch trügerischer. Man gerät hier in Zweifel, ob sie überhaupt welche sind. Denn hier handelt es sich um natürliche Erhebungen, hier sind Landschaft und Bauwerk in der Tat identisch. Sicherlich, man entdeckt hie und da Steinanhäufungen, vielleicht sogar eine «Mauer», die eine Kreisbahn ohne Zentrum

Unter den Fortschritten der Artillerie
wachsen und verdicken sich die Mauern:
Salses in Roussillon.

beschreibt, wie die Umrißlinie auf einer Landkarte. Aber sie ist meistens so sehr in sich zusammengefallen, daß sie nicht einmal ein Schaf abhalten könnte. Wenn man kein Experte ist, sieht man nur Steine in verwitterten Lagen wie Zähne aus der Erde herausstehen; man fragt sich, ob das wohl eine frühe, teuflische Panzersperre darstellt oder einfach nur natürlich ist.

Möglicherweise sind solche Überlegungen der Wahrheit teilweise näher als die Theorien der Archäologen, obwohl man diese zunächst einmal braucht, um sich zurechtzufinden. In prähistorischen Zeiten gab es keinen so deutlichen Unterschied zwischen Gebäuden und natürlichen Formationen, wie wir das gewöhnt sind. Man baute, indem man natürlichen Gegebenheiten etwas hinzufügte, und man fügte nicht soviel hinzu, daß sich die natürliche Gestalt wesentlich geändert hätte.

Die Geschichte und der Zweck solcher «Bauwerke» oder Anlagen liegt so sehr im dunkeln, daß diese Unklarheit für viele Beobachter gerade das Reizvolle daran ist. Die Geschichte fast aller späteren Verteidigungsvorrichtun-

Berkamstead, eine in die
Landschaft eingebettete Wehranlage
aus normannischer Zeit.

gen ist von der Ironie gekennzeichnet, die angeblich erst eine Entdeckung des
Atomzeitalters ist. Die Geschichte der Kriegsführung und vor allem die Geschichte des Fortifizierens ist vollgestopft mit teuren Waffensystemen, die
niemals eingesetzt wurden, weil sie veraltet waren, bevor sie überhaupt in
Gebrauch gestellt wurden. Verteidigungseinrichtungen, die niemals benutzt
wurden, haben damit entweder ihren Zweck erfüllt, weil sie mögliche Gegner
gehörig abschreckten, oder aber ihre völlige Überflüssigkeit bewiesen.

Wer an die Idee der Fortifikation glaubt, dem bereitet die Geschichte der
meisten Forts und Kastelle wenig Behagen. Anders als die berühmten Anlagen
von Berwick-on-Tweed, Lucca oder Narden hatte Salses nicht das Glück, ein
reines Schaustück zu bleiben, das niemand angegriffen hätte. Diese Festung
wurde sogar viermal attackiert: erst 1503, dann im Jahr 1639 zweimal und
schließlich im Jahr 1642. Nach dem letzten Angriff entging Salses nur um
Haaresbreite der Schleifung; wahrscheinlich wäre der Abriß eines solchen
Bauwerks einfach zu teuer geworden.

79

Rühmlich bewährt hat sich die Anlage jedenfalls nicht: 1503 wurde fast sofort eine Bresche in die Mauer geschlagen, und die Spanier retteten sich nur dadurch, daß sie Tunnel gruben und die angreifenden Franzosen unterminierten, wobei sie mehrere hundert Feinde mitsamt einer Anzahl der Ihren in die Luft sprengten. Die Berichte von der nächsten Belagerung und Eroberung sind so klar wie die Spekulationen über den Untergang der Maya-Zivilisation. Von einer Bresche, die die Franzosen geschlagen hätten, fehlt jede Spur; vielleicht hat ihnen ein Verräter das Tor geöffnet. Im Sommer desselben Jahres eroberten die Spanier die Festung zurück.

Wir sollten beachten, daß Festungen eine zweischneidige Sache sind, weil an ihren Ort gebunden. Sie sind Fallen; es fragt sich nur: für wen? Für die Angreifer, die sie anziehen und vor den Mauern festhalten, oder für die, welche in der scheinbar schützenden Festung ausgesetzt sind und die bei einer Belagerung, wenn die Vorräte ausgehen, sehr schnell erkennen, daß Sicherheit nicht bloß darin besteht, zwischen sich und den Feinden eine feste Mauer zu haben? Und dabei muß man sich noch vorsehen, daß man nicht zu gut baut für den Fall, daß die Anlage dem Feind in die Hände fällt; Trost liegt allenfalls darin, daß auf Eroberung meist die sofortige Zerstörung folgt.

Die befestigten Herrensitze in Schottland scheinen zunächst ein sicheres Anzeichen, daß diese Gesellschaft viel länger als die englische ihre Konflikte gewaltsam austrug. Es gibt für die Effektivität dieser kleinen Anlagen kaum Berichte; bei den größeren finden wir meist Spuren einer Rücksicht auf das Althergebrachte. An die ursprünglichen Türme angelehnt, wurden weniger feste, aber behaglichere Räumlichkeiten errichtet. Der ganze Komplex aus niedrigen Flügeln zwischen abweisenden Türmen bildet ein bauliches Sammelsurium, das eine verworrene Geschichte spiegelt, eine Idealversion des schottischen Nationalcharakters, der schroffer, aber zugleich entspannter ist als der der südlichen Nachbarn. Der Beweggrund für die Erhaltung dieser Türme mag auch einfach darin bestanden haben, daß man sich scheute, etwas gut Gebautes niederzureißen, mochte es auch noch so überflüssig geworden sein. Was wir heute als Ergebnis vor uns sehen, ist ein gebautes Werkstück, in dem sich Natur und Kultur in einer Weise verbinden, wie dies selbst Höhlenbehausungen nicht leisten konnten, weil jenen der spezifische Aspekt von Veränderung und Vergänglichkeit fehlt.

In manchen Gegenden Schottlands trifft man auf fortifizierte Kirchen, ähnlich wie in Südwestfrankreich. Uns erscheint dies als unmöglicher Widerspruch, und wir suchen nach Zeichen religiöser Konflikte, nicht bloß rauher politischer Verhältnisse. Wir vermuten, man könne erst nach bitterer Erfahrung auf diese Form verfallen sein, das heißt, nachdem der Vorgängerbau oder eine Kirche in der Nähe bei einem Angriff zerstört worden war.

Zwischen diesem Stadium und der spätgotischen Mimikry, wenn Kirchen mit zinnenbewehrten Festungsmauern prunken, fehlt scheinbar jede Verbin-

Drum in Aberdeenshire,
ein früher schottischer Herrensitz;
erst befestigt, später Wohnanlage.

dung, da gibt es eine Lücke im geschichtlichen Gedächtnis. Die Zinne scheint hier nicht einmal mehr eine Metapher zu sein, sondern nur mehr ein Bild, das allen ästhetischen Vorteil aus einer gezahnten Silhouette ziehen möchte und weiter nichts. Das unterstützt die Ansicht, architektonische Formen seien am Ende doch dekorativ und nicht symbolisch, und läßt vermuten, daß ein Stil sich auf der Welt nicht lange hält.

Mit dieser Frivolität im Kopf betrachten wir eine spezielle Mimikry des Festungsbaus im 19. Jahrhundert. Gefängnisbauten besaßen schon immer ihre eigene Stilvariante; der Bau von Newgate, den George Dance d. J. in übermäßig rustiziertem Stil errichtete, ist das beste Beispiel. Dann aber erschienen Bauten mit Türmen, Fallgattern und Pechnasen, und dieses Modell verfing, als hätte man auf den ersten Blick erkannt, daß ein Gefängnis genau so aussehen müsse. Bei dem *Eastern Penitentiary* in Philadelphia aus den Jahren 1823 bis 1836 war dies aber, wie wahrscheinlich überall, nichts als Fassade; die Innenwände waren keineswegs zyklopisch dick, und die primitive Ausstattung sollte Kosten senken, nicht historische Reminiszenzen wecken.

81

Ein gotischer Alptraum:
Henry Hobson Richardsons
Irrenhaus von Buffalo.

Je besser diese Mimikry vollzogen wurde, um so einschüchternder wirkte der Symbolgehalt. Als H.H. Richardson eine Irrenanstalt für Buffalo entwarf, machte er das Gebäude zu einer uneinnehmbaren Festung aus düster-rotem Mauerwerk mit kalten grünen Dächern. Der Witz (oder der tiefere Grund, wie man will) besteht darin, daß wirklich viele Festungen im Laufe der Geschichte immer mehr zu Orten geworden waren, wo man Gefangene verwahrte, statt Angreifer abzuwehren.

Die Festungs-Gefängnisse und Festungs-Irrenhäuser des 19. Jahrhunderts sollten zwar nicht gerade die Rückkehr zu mittelalterlichen Behandlungsmethoden andeuten, aber sie haben sicherlich niemanden, weder Wärter, Insassen noch Passanten, in dem Glauben bestärkt, daß die Gesellschaft auf eine Läuterung des Verbrechers oder auf eine Heilung des Wahnsinnigen hoffte. Wer möchte sich ausmalen, wie viele vom Anblick des Irrenhauses von Buffalo, das sich auftürmt wie ein schrecklicher Alptraum, noch tiefer in den Wahnsinn getrieben wurden? Wie weit konnte man einem Wächter vertrauen, der ständig mit diesem düsteren Spuk Umgang pflog?

Hier haben wir einen Symbolismus von schädigender, zerstörerischer Kraft; doch gibt es andere Arten der Nachahmung, vergleichsweise unschuldige Täuschungen. In Elisabethanischen England mußten große Häuser fast

Das im 17. Jahrhundert erbaute
Schloß von Wollaton in Nottinghamshire,
filigran fortifiziert.

zwangsläufig fortifiziert werden, um eine Traditionsverbundenheit auszudrük-
ken. Sie bemühen sich nicht sonderlich, eindrucksvoll oder gar düster zu
wirken, man griff sich das Nächstliegende, was von der Vergangenheit
übriggeblieben war. Von einer historischen Erkundungsreise kann keine Rede
sein. Für uns heute erscheinen diese Häuser zwar gotisch, die Zeitgenossen
werden aber eher überrascht worden sein, wie deutlich sie sich von der
Vergangenheit absetzten.

In bestimmter Hinsicht gleicht Burghley, eines der größten Wunderwerke
dieser Art, einer Festung, in die man viele Löcher geschlagen hat. Man hat das
Gefühl, daß das Paradox hier mit Genuß ausgekostet wurde – der Eigentümer
läßt mächtige Mauern errichten und durchlöchert sie dann mit Fenstern.
Natürlich war es hier nicht wirklich so, aber die Illusion ist nicht grundlos, weil
tatsächlich viele trostlose alte Kästen auf diese Weise modernisiert wurden.

Andere Gebäude – Wollaton, später Hardwick – gehen weiter als
Burghley, aber schon in Burghley scheinen die Fenster Muster und Festigkeit
der Oberfläche zu bestimmen. Das Fenster ist ein Gewebe aus leichten
Gliedern, das einem durchsichtigen Film, einer durchsichtigen Membran die
nötige Steife gibt; und die ganze Wand wird zu «Pfosten» und «Kämpfern»,
die die «Scheiben» – die großen Fenster – trennen und tragen. Das Gebäude

wird entmaterialisiert; es wird zu einer glitzernden Phantasmagorie, zum Spinnengewebe.

Es kann doch nicht sein, daß alles Eckige sich auflöst und verschwindet? Doch dann bemerkt man, daß Einzelheiten, wie die sich wiederholenden Ecktürme in Wollaton, Türme von unvorstellbarer, aber monotoner Komplexität, die beeindruckendsten Teile des Gebäudes, *völlig* ornamental geworden sind, wenigstens in den obersten Stockwerken; sie wären am leichtesten zu zerstören und am leichtesten wiederherstellbar. All dieses Durchstoßene und Verformte ist eine phantastische Erinnerung an ruinierte oder zerborstene Türme. Und der Stil ist so eigenwillig und selbstgewiß geworden, daß er sich gerade an den am wenigsten geeignet erscheinenden Plätzen zur dünnen Fadenscheinigkeit entschließt.

Türme waren einst das Herzstück des Gebäudes; sie sind nun zu einer kleinen Draufgabe geworden, zu Trägern sinnlosen Aufwands. In Hardwick kann man sie kaum zählen, weil sie in unübersichtlichen Zickzackmustern angeordnet sind; zugleich aber erscheinen sie seltsam abgelöst, als wäre das ganze Bauwerk nur durch Druck von unten, hie und da und dort, aus dem Boden geschossen. Manche der schönsten Elisabethanischen Fassaden, darunter auch kleine (wie *Fountains Hall* in West Riding) spielen mit symmetrischen Türmen und Aufsätzen, die wie die Skyline einer ganzen Stadt erscheinen.

Am einfallsreichsten und entschiedensten von allen ist das sogenannte *kleine Schloß* in Bolsover bei Derby. Der Gesamtkomplex enthält ganz verschiedene Bauteile, von denen man glauben könnte, daß sie verschiedenen Epochen und verschiedenen Vorstellungen vom Leben in einem Schloß zugehören. Zunächst das kleine Schloß für sich, halb umgeben von einer älteren Wallanlage, mit seinem eigenen Wachthaus und seinen eigenen Verteidigungsanlagen, dann die lange Terrassenanlage, die wie die handgefertigte Version eines königlichen Palasts wirkt, und daran angeschlossen die Reitschule, noch so eine Beigabe, die man mit Höfen assoziiert.

Die Überraschung ist groß, wenn man entdeckt, daß das altertümliche kleine Schloß , welches den mittelalterlichen Wall zu einer bloßen Gartenmauer macht, hinter der sich Bänke und Pavillons im Dickicht verbergen und auf der ein Weg zum Spazierengehen angelegt ist – daß dieses baufällig wirkende, aber solide gegründete Stück Vortäuschung fast genau zur gleichen Zeit entstand wie die nach außen gewandte Terrassenanlage. Das Schloß war ein Ort für Aufführungen, für Theaterbankette, Turniere und Maskeraden – Lustbarkeiten im mittelalterlichen Gewand, die in Sichtweite des Hauses eines modernen Edelmanns stattfanden.

Das 19. und 20. Jahrhundert kann es sich zwar durchaus vorstellen, Schlösser wiederaufzubauen, aber nicht in der Nachbarschaft moderner Wohnbauten. William Burges verlor sich in *Castell Coch* über der vollständigen

Das Schlößchen von Bolsover in Derbyshire
diente als Schauplatz für
höfische Feste und Maskeraden.

Wiederherstellung der gesamten Maschinerie eines alten Schlosses. Die veralteten Vorrichtungen waren seit so langer Zeit außer Gebrauch, daß das Ganze durch die Ergänzung einzelner Teile, von denen man vielleicht nie etwas geahnt hatte, einen derartig neumodischen Anstrich bekommt, daß man glauben könnte, der Erneuerer wäre in Wahrheit ein Erfinder.

Und tatsächlich übertraf auch das letzte englische Schloß, das überhaupt gebaut wurde, Burges an Hybris und an exzentrischer Kostspieligkeit, bemäntelte dies aber mit barbarischer Schlichtheit anstelle von Burges' farbenfrohem Luxus. Bei Julius Drew, der sich später Drewe schrieb, dem Erbauer von *Castle Drogo* in Devon, begann es damit, daß er sich einen normannischen Vorfahren entdeckte, einen Drogo oder Dru, dann ein nach diesem benanntes Dorf Drewsteignton und schließlich einen Platz in der Nähe, der für einen Schloßbau geeignet schien, wenn auch niemand behaupten konnte, daß dort jemals ein derartiger Bau bestanden habe. An diesem Punkt wäre die Fiktion dann in sich zusammengebrochen, würde man erwarten; sie tat es aber nicht, jedenfalls

85

Eines der letzten Schlösser überhaupt:
Castle Drogo von Edwin Lutyens.
Noch nach dem Ersten Weltkrieg wurde hier gebaut.

nicht sofort. Drewe gewann die enthusiastische Unterstützung des bedeutendsten Architekten seiner Epoche, Edwin Lutyens, und beide machten sich daran,
das verrückteste Stück privat gebauter, funktionierender Bühnenszenerie aus-
zuhecken, was dieses Jahrhundert sehen sollte. Granitmauern von 1,80 Meter
Dicke sollte das Gebäude haben; und selbst Drewe, der über ein enormes
Vermögen verfügte, das er mit Teehandel im Laufe von fünfzehn Jahren aus
dem Nichts erworben hatte, mußte schließlich die Opulenz des ursprünglich
geplanten Projekts einschränken. Aus verschiedenen Gründen verzehrten sich
Architekt und Bauherr leidenschaftlich nach Granit; Lutyens mußte seinen
Auftraggeber sogar von dem Plan abbringen, den Bau aus unbehauenen
riesigen Blöcken zu errichten.

Am Ende war nach zwanzig Jahren Bauzeit, während der sich ein Krieg
abspielte, ein entnervend glattes Gebäude entstanden. In abstrakter Hinsicht
ist dies Lutyens modernster Bau, weil er sich hier auf die reine Mauer und ihre
reine Durchbrechung konzentrieren konnte. Weil Zinnen sinnlos sind, was
jedermann weiß, werden sie zum reinen Ausdruck des Kantigen, und Lutyens

wird zu einer Art Kubist, während er den reaktionären Phantasien einer eingebildeten Abkunft dient.

Wie manche der witzigsten Gebäude von Norman Shaw legt dieses Schloß falsche historische Spuren: Der gelehrte Detektiv könnte «spätere» Anfügungen und Verbesserungen des Baus entdecken, Treppen, die in Räume hineinfallen, die nicht zu ihnen passen, phantastische überladene Simse auf einer kunstlosen Basis – war dieser Salon in früheren Zeiten vielleicht ein Kerker?

An diesem Ort führt die Ironie Regie. Drewe starb bereits ein Jahr nach dem Einzug in sein neues altes Haus. Lutyens hatte die größte Freiheit bei der Gestaltung kümmerlicher Wirtschaftskorridore und bei Küchen, die so tief in der Masse verborgen lagen, daß sie nur durch Oberlichter erhellt werden konnten. Das ganze sorgfältige historische Faksimile, ein wiederbelebter Dinosaurier, hatte gerade deshalb ein kurzes Leben, *weil* es überholten Vorstellungen so kompromißlos treu blieb. Schon nach 45 Jahren, in denen es seine Rolle als Stammsitz spielte, fiel es der staatlichen Verwaltung anheim. Sein Leben war vorbei, noch bevor es begonnen hatte – eine imaginäre Vergangenheit ohne wirkliche Zukunft.

Aber so ist es nun mal. Die Versorgungstrakte – Mechanismen à la Burges, nur ein Jahrhundert später – unterliegen nicht dem Verschleiß durch irgendeine Dienerschaft. Ihre abstrakten Qualitäten werden nun von jedem zahlenden Besucher empfunden; ein Umstand, auf den der Architekt vielleicht gehofft haben mag. Was andere auch dachten, Lutyens übersah die Zeichen des englischen Niedergangs nicht. Dennoch baute er großartig und mit Selbstvertrauen weiter. Wenn auch die Gesellschaft, der er seine Aufträge verdankte, zusammenbrechen sollte, seine Gebäude würden überleben und dank ihren Qualitäten weiterhin die Aufmerksamkeit der Menschen auf sich ziehen. Die Vorrats- und Speisekammern in Drogo waren nicht dafür gedacht, im verborgenen zu bleiben.

Die Großbauten des Faschismus ähnelten häufig befestigten Anlagen. Das sollte nicht heißen, die Partei sei unbeliebt und müsse sich gegen Angriffe schützen; vielmehr war beabsichtigt, durch unbezwingliche Stärke einzuschüchtern, noch bevor überhaupt Fragen laut wurden. Das Problem bei den alten italienischen Städten war nur, wo diese politischen Bekundungen, von denen jede wichtige Gemeinde wenigstens eine haben sollte, überhaupt hingestellt werden sollten. Denn die besten Standorte waren bereits besetzt. Allerdings gingen die Faschisten größeren Neugestaltungen auch nicht aus dem Wege, wie sie etwa in Lecce bewiesen. Dort hatten sie die Ausrede, unter dem mittelalterlichen (und damit weniger prestigeträchtigen, weniger imperialen) Zentrum befänden sich Überreste aus der von ihnen so hochgeschätzten römischen Zeit, die es freizulegen gälte. Also rissen sie einen bestimmten Sektor im Stadtzentrum ab und bauten dann nach ihren Vorstellungen neu. Aber die

Möglichkeiten zu solchem Herumpfuschen blieben begrenzt. Denken wir zum Beispiel an den berühmten Hauptplatz von Pistoia: Hier überlebt das Gebäude der Partei in einer Straße unmittelbar hinter und unter dem Platz, von wo aus es nicht sichtbar ist. Es wird so sehr von den gegenüberliegenden Fassaden bedrängt, daß sein Pomp wie eingequetscht wirkt. In Arezzo wurde einfach eine dünne Schicht faschistischer Kolonnaden an der Hauptseite eines T-förmigen Platzes im Zentrum angebracht. Wie störend dies seinerzeit auch gewesen sein mag, heute sieht es eher zurückhaltend, wenn nicht gar furchtsam aus. Der Architekt hatte erkannt, daß seiner Macht Grenzen gesetzt waren; er durfte sich nur mit einer Seite des Platzes befassen, und auch das nur in Gestalt einer flachbrüstigen Verkleidung. Von einer nachdrücklichen Präsenz konnte hier keine Rede sein.

Eine mögliche Alternative bestand darin, ein Gegenzentrum an einem Ende des historischen Stadtkerns zu errichten. Manchmal muß dabei auf verheerende Weise die Irrelevanz des ganzen Faschismus deutlich geworden sein. Aber vielleicht grübelten die Funktionäre gar nicht darüber nach, warum eigentlich niemand *ihren* Platz benutzte. Möglicherweise beschieden sie sich mit der Vision eines de Chirico: Unsere Denkmäler werden die Menschheit überdauern. Sie stehen schon jetzt in einer menschenleeren Welt.

Szenisch, vielleicht auch sozial, erwies es sich als die beste Lösung, die protzigen neuen Paläste an eine Uferstraße zu stellen; statt auf enge Straßen blickten sie so ins Unbegrenzte. Nun stehen diese faschistischen Befestigungen in Bari und Tarent und blicken stumm auf das Meer hinaus. Vielen Besuchern dieser Gebäude mag ihre Irrelevanz aufgegangen sein, wenn auch nur in den kurzen Momenten, die es dauert, um die massige, der Stadt zugewandte Rückseite zu umgehen und zum Vordereingang zu gelangen, hinter dem sich nichts Sonderliches befindet.

Heute, da die politische Bösartigkeit des Systems nicht mehr besteht, wirken diese Steinhaufen wie die Schlösser des Edwin Lutyens: reine Prachtentfaltung ohne wirkliches Gewicht. Sie sind pompös, aber finster, größer als man erwartet hätte, vermitteln ein starkes Gefühl von ungeteilter Masse, und auch die Details sind zu groß – die Fenster eines normalen Hauses, aber im riesigen Maßstab. Niemand würde an solch riesige Details glauben! Besser: niemand kann *ganz* daran glauben. Sie wirken dadurch, daß sie die Erwartungen verändern, etwa so, als würden wichtige Leute mit einem Mal riesige Epauletten tragen.

An der *Prettura* in Tarent befinden sich riesige, metallisch aussehende Rutenbündel, gewaltige Adler und mächtige Gitter. Riesige Lettern künden von dem, was sich nicht übersehen läßt, wobei die Faschisten auch nicht vor einem ganz einfachen und unverfrorenen Trick zurückschrecken: Sie setzen hinzu, ANNO XII. Die Einführung einer neuen Zeitrechnung ist noch effektiver als der altgewohnte totalitäre Brauch der Umbenennung. Auf wie billige Weise

In Carcassonne blieb die mittelalterliche
Stadtmauer erhalten. Turmspitzen und Bedachungen
sind allerdings eine Rekonstruktion Viollet-le-Ducs.

vereinfacht das Regime unser Leben. Wie ihre Gebäude proklamierl sie
Selbstgewißheit, was eine gewisse Stärke auch dort vermittelt, wo es unglaub-
würdig ist. Je größer die Anhäufungen von Stein, um so schwerer ist es, nicht
an sie zu glauben; je kolossaler die Fehler, um so schwerer sind sie zu
entdecken.

Einen erfolgreichen Versuch, den Blick abzuwehren und den Betrachter
einer Welt aus Mauerwerk und nichts als Mauerwerk auszusetzen, findet man
in Carcassonne. Das stärkste Gefühl von Eingeschlossensein erhält man, wenn
man sich zwischen dem inneren und dem äußeren Ring der Befestigungsanlage
verliert. Was Stadtmauern betrifft, behält Carcassonne mit seinen beiden
konzentrischen Ringen das letzte Wort. Und wie vollgepfropft mit Touristen die
in der Mauer gefangene Stadt auch ist, es bleibt doch eine freie Zone, wo
nichts gebaut wird und wo auch praktisch niemand hingeht, wo man sich
seinen historischen Phantasien nach Lust und Laune hingeben kann.

Es liegt nicht im Interesse der Besitzer, deutlich zu machen, wie sehr
Carcassonne eine Herstellung aus jüngerer Zeit ist. Auf dem sorgfältigen

Lageplan der über sechzig Türme der Stadt, der hier käuflich ist, fehlt der Name Viollet-le-Duc. Statt dessen findet sich der unerklärt bleibende kleine Satz: «Die Stadt Carcassonne verdankt J. P. Cros-Mayreville ihre Erhaltung.» – ein klassischer Fall von lokalpatriotischer Zuschreibung. J. P. Cros-Mayreville war ein einheimischer Archäologe, der seine Tätigkeit ganz darauf ausrichtete, Carcassonne populär zu machen. Der entscheidende Schritt war, daß er Viollet-le-Duc gewann; denn dieser war der überzeugendste Neugestalter Frankreichs. Dieser setzte umfangreiche Arbeiten in Gang, die 35 Jahre dauerten – eine der größten archäologischen Rekonstruktionen, die je unternommen wurde.

Viollet erkannte die günstige Gelegenheit und machte aus Carcassonne ein Museum für die Geschichte der Fortifikationen. Selbstverständlich war die Anlage über einen Zeitraum, der sich von der römischen Zeit bis ins späte Mittelalter erstreckte, immer wieder verbessert worden, zum Teil auch neu gebaut. Viollet zog aus dieser Baugeschichte den bizarren Schluß, Carcassonne hätte zu seiner besten Zeit typische Beispiele aus jeder Epoche seiner Baugeschichte aufgewiesen.

Sein größter eigener Beitrag besteht in dem, was die Mengen anzieht, der Skyline. Leider weiß man heute, daß all diese Hexenhüte hier völlig unangebracht sind: Sie sind nicht in Südfrankreich heimisch, sondern aus einem rauheren Klima importiert. Je höher er baute, um so hypothetischer baute er. Das Resultat ist lediglich in einer Hinsicht überzeugend: es ist in höchstem Maße pittoresk. Für jemanden, der nur schauen will, ist die historische Verläßlichkeit der Rekonstruktionen ohne Bedeutung.

Dennoch hat Viollet eine wesentliche Funktion ausgeübt. Er hat sich auf die Vergangenheit wirklich eingelassen, statt nur träge zu akzeptieren, was die Vergangenheit eben bot. Trotz zahlreicher wissenschaftlicher Fehler bilden seine Arbeiten Höhepunkte einer sympathetischen Einlassung auf das Unvertraute – übertrieben wörtlich, manchmal auch unelegant in der vorgeblichen Treue *jeder* geschichtlichen Phase gegenüber. Aber Kunst ist stets wortwörtlich zu verstehen, und die Vergangenheit hinterließ ein weitaus größeres Durcheinander, als Viollets bewußte Gestaltung zeigt.

Die Elisabethanischen Bastionen von Berwick-on-Tweed befinden sich im Vergleich zu Carcassonne in einem eher naturbelassenen Zustand. Jedoch fühlt man hier des öfteren den Druck der bewahrenden Hand: viele Flurstücke wurden einfach gelassen, wie sie sind, brach und ungenutzt; sie sind nichts als historisches Anschauungsmaterial. Hier gibt es nur geringere Spuren von verschiedenen früheren Bauten; sie wurden jedoch nicht verfälschend in den gleichen Erhaltungszustand versetzt wie ihre Nachfolgebauten.

Wie bei den meisten großartigen Bauvorhaben kam es auch bei diesen Befestigungsanlagen des 16. Jahrhunderts immer wieder zu Kürzungen, und schließlich wurden sie unvollendet gelassen. Die vorhandenen Lücken hätten

Eine Stadt, von ihrer Befestigungsanlage geprägt: Berwick-on-Tweed.
links: Gesamtansicht aus der Luft.
rechts: Eine Bastion. Gut ist die Feuerlinie sichtbar.

bei einem Angriff wahrscheinlich zum Desaster geführt. Weil es aber zu keinem Angriff kam, behielten die Diskussionen der Fachleute erfreulicherweise rein akademischen Charakter. Sie einigten sich darauf, im Angriffsfall den nördlichen Teil der Stadt, obwohl er innerhalb der mittelalterlichen Mauer liegt, aufzugeben, weil er topographische Probleme aufwirft. Die schönsten Pläne zeigen eine sechseckige, sternförmige Verteidigungslinie, die allerdings die Aufgabe eines weiteren Teils der Stadt voraussetzt, des Gebiets im Süden, das unvorteilhaft niedrig liegt. Weil sich dort aber die königlichen Vorratslager befanden, nahm man diesen Stadtteil wieder in den Verteidigungsplan auf. Es ergab sich eine Kompromißlösung, auf die niemand als Entwurf verfallen wäre. Auf den italienischen Experten, den man sich geholt hatte, hatte bereits zuvor niemand gehört. Seine Pläne hätten die Kosten weiter in die Höhe getrieben. Aber auch ohne die von ihm vorgeschlagene Verlängerung der Mauern bis zur Küste (vielleicht folgte man ihm einfach deshalb nicht, weil er Italiener war) stellen die ungenützten Verteidigungsanlagen in Berwick eines der größten Elisabethanischen Bauvorhaben dar. Riesige Summen und viel Nachdenken haben in Berwick nur eine Art Flickwerk hervorgebracht, die Hälfte oder zwei Drittel einer Verteidigungsanlage nach Idealplan (die auch dann bald überholt gewesen wäre, wenn man sie vollendet hätte). Die Arbeiten wurden eingestellt, weil es irgendwo anders eine unmittelbarere Bedrohung durch die Franzosen gab; und niemals wieder war das nationale Interesse groß genug, um die Anlage zu vollenden.

Dies alles interessiert den Touristen wenig. Noch immer sind die unvollständigen Befestigungsgürtel die besten in England und vermitteln einen Eindruck von dem erstaunlichen Maßstab, der teuflischen Arglist und der letztendlichen Beschränktheit in diesem Stadium des Wettrüstens. Eine große Menge des sichtbaren Mauerwerks dieser immensen Bastionen – sechs waren geplant, nur drei wurden fertig gebaut – wurde auf das Flankenwerk verwandt, das sich hinter den Ausläufern der pfeilspitzenartigen Vorsprünge erhebt. Es deckt einen blinden Fleck ab, den die Geometrie der Anlage gelassen hatte, und schafft ein klares Schußfeld auf den Raum unmittelbar vor der Mauer. Diese «Burgwarten» stopfen damit ein Loch, das nie hätte entstehen dürfen, und zerteilen gleichzeitig die Verteidigungskräfte gegen einen Angriff in zwei einzeln operierende Segmente.

Während der Renaissance wurden viele Idealstädte entworfen, mehr noch bloß gezeichnet. Der Realisierung der Theorien am nächsten kam Palmanova, ein militärischer Vorposten der Venezianer – die beste praktische Ausrede für eine solche Perfektion war offensichtlich Verteidigung und Befestigung. Die Geschichte solcher geometrischen Regulierungen des Lebens legt den Verdacht einer tieferen als nur der praktischen Übereinstimmung derartiger aus dem Nichts geplanter Städte mit den militärischen Zwecken nahe.

Wären sie von den Türken geschlagen worden, hätten sich die Venezianer aus der Festung Gradisca zurückziehen müssen; deshalb sollte die neue Grenzstadt alles in sich enthalten, eine Abbreviatur oder ein Schaufenster der venezianischen Zivilisation, nicht bloß der Kriegstechnik.

Wie viele Stadtgrundrisse des vorangegangenen Jahrhunderts, die niemals aus dem Stadium der Entwurfszeichnung hinausgelangten, ist der Grundriß von Palmanova konzentrisch, von innen nach außen drei Sterne oder Schneeflocken mit je neun Zacken. Die drei Zugänge und Ausfallstraßen bilden ein Y, dessen Arme sich auf einem zentralen Platz treffen. Dieser Platz, eine Essenz einer Konzentration, ist bis auf den heutigen Tag eine unausgefüllte Idee, der leerste Platz des Ortes: Hier ist die Existenz der Stadt in Frage gestellt.

Kenner sollte es erfreuen, daß die «Stadt» auch heute noch weitgehend Idee geblieben ist. Auf ihren Straßen hat sich kein Leben entwickelt, ihre Plätze bleiben unbenutzt. Es kommt einem immer noch wie ein kolonialer Vorposten vor, der auf Siedler für das umliegende Land wartet, die die Funktionen der Stadt zum Leben erwecken würden. Vielleicht sind Idealstädte dazu verurteilt, entweder unbewohnt zu bleiben oder nach und nach in einem ganz alltäglichen, gar nicht idealen Leben aufzugehen.

Palmanova ist darum kostbar, weil es niemals in seinen Grundriß hineingewachsen ist. Obwohl klein – kaum 1200 m im Durchmesser –, erwies es sich größer als notwendig. Selbst am Ende des 19. Jahrhunderts war die Stadt

Die geometrische Idealstadt:
Palmanova in Norditalien
hat einen sternförmigen Grundriß.

nur ungleichmäßig ausgefüllt: das Kleid war nicht nur zu groß, es enthielt auch
Ärmel für Glieder, die der Träger dieses Kleides gar nicht besaß. Man kann
Lagepläne auftreiben, die zeigen, daß nur die drei Hauptstraßen bebaut
waren. Das ganze übrige symmetrische Straßennetz war zwar angelegt, lag
aber brach. Der ursprünglichen Planung nach sollte es einen Ring von sechs
Nebenplätzen auf halbem Weg zu den Ecken geben, paarweise zwischen die
Hauptstraßen verteilt. Eine schöne Idee, nur wurde nicht bedacht, was ein Platz
braucht und was einen Platz ausmacht.

Ob zu Recht oder zu Unrecht, wir gehen davon aus, daß die italienischen
Plätze viele Geheimnisse des städtischen Lebens kennen. Eines dieser Geheim-
nisse ist das Fehlen einer zentralen Kontrolle. Alle möglichen Arten von
Regelverstößen wurden geduldet, aber vielleicht ist solche Vielfältigkeit nur das
Ergebnis eines langen Lavierens zwischen privater und öffentlicher Gewalt.

Es ist deshalb nicht überraschend, daß man sich auf geplanten Plätzen
des 16. Jahrhunderts, auch wenn sie von Italienern entworfen wurden, keineswegs wie auf einem italienischen Platz fühlt. In Palmanova ist der öffentliche
Platz eine Art eingebundener Leere, und dieses Gefühl dehnt sich bis in jede
Ecke des Grundrisses aus. Wo immer man sich auch in der Stadt befindet, man
ist stets am gleichen Ort. Die Krümmung der Straßen ist überall gleich, und die
gerade ausstrahlenden Straßen erscheinen in genau vorhersagbaren Abstän-

den, je nachdem wie weit man vom Mittelpunkt entfernt ist. Man weiß daher immer, wo man sich befindet, zugleich aber ist jeder einzelne Punkt völlig ohne Charakteristik. Man hat ständig das Gefühl, man würde beobachtet. Die Kontrolle durch die Geometrie erscheint wie ein Versuch, die Bewegungen jedes einzelnen zu überwachen. Fremde können sich hier nicht wohl fühlen, außer in der Leere des Mittelpunkts, die einen dann aber durch eine der Ausgangsröhren nach draußen zu treiben scheint.

Die Straßen nach draußen verzweigen sich wiederum nach einem Muster purer Idealität. Diesen drei ausstrahlenden Straßen sind Ziele zugeordnet – Udine, Cividale, Aquileja –, als wäre die ganze Landschaft nach dem Muster dieses Sterns, dieses Kristalls geordnet: leer bis auf ein ebenmäßig gewebtes Netz zu anderen Knotenpunkten hin; eine dunkle Nacht, die nur von einigen Lichtpunkten erhellt wird. Die drei Straßen spannen sich aus, aber alle weg von der türkischen Bedrohung im Osten: Der Punkt auf dem Kompaß, der die gesamte Idee bestimmt, wird also von dem Plan verschwiegen. Wenn man auf die Landkarte blickt, erkennt man, daß die drei Städte zwar gleich weit von Palma entfernt sind, aber nicht wirklich in der angegebenen Richtung: sie bilden ein schiefes Dreieck, und Palma liegt seitlich, nicht bestimmend im Zentrum.

Die Welt ist nun einmal nicht so, entgegnen wir den Planern; warum aber sollte die Vorspiegelung nicht aufrechterhalten werden? Militärische Befehlshaber benötigen genaue Karten, der gewöhnliche Reisende aber wird, solange er nur der Hauptstraße folgt, keinen Nachteil von dem Glauben haben, die Landschaft arrangiere sich gleichsam von selbst in einem Sternmuster, und er wird vielleicht gar nicht bemerken – weil er alles aus Augenhöhe und nicht vom Zenit aus sieht –, daß ihn die Straße nach Udine nördlich führt und nicht nordwestlich, wie es der Idealentwurf von Palma suggeriert.

Wer eine wahre Idealstadt erfinden oder errichten will, muß die sinnlich wahrnehmbare Wirklichkeit ignorieren können und etwas sehen, was gar nicht da ist. Die eindrucksvollsten Idealstädte sind gerade die unwahrscheinlichsten, keine Idealisierungen von etwas, das es schon gibt, keine behördlich angeordneten Regulierungen von Plätzen wie in Paris oder London, sondern Ordnungen, Orten und Umständen auferlegt, wie sie nie zur Anlage einer Stadt geführt hätten.

Intellektuell gesehen ist eine der kühnsten architektonischen Unternehmungen der Gegenwart die Planung einer neuen Stadthalle an einem Nicht-Ort an der Peripherie von Toronto in Kanada. Vororte und Randgebiete sind in mancherlei Hinsicht die unwahrscheinlichsten Gegenden für die Anlage eines Zentrums oder einer Sehenswürdigkeit. Die Stadt Mississauga, die durch die Vollendung dieser Stadthalle auf einen Schlag entstanden sein wird, ist bisher nur eine Verwaltungskonstruktion: drei gesichtslose Gemeinden wurden verschmolzen, ein zentraler Ort wurde festgelegt und ein Wettbewerb durchge-

Entwurf für das Verwaltungszentrum
Mississauga in Kanada. Die *City Hall*
soll dem Ganzen Identität geben.

führt. Nun entsteht ein ambitioniertes Gebäude – ein Schnellkurs in europäischer, enger: in italienischer Stadtentwicklung.

Glücklicherweise sind die Architekten Ed Jones und Michael Kirkland nicht bloß Rhetoriker, sondern auch Scherzbolde. Anders als die meisten Vorhaben dieser Art wird dieses Stadtzentrum nicht zum architektonischen Denkmal werden, sondern Jones und Kirkland überschütten es mit vielerlei Ideen aus der Stadt: mit Giebeln, Erkern, Alleen, Amphitheatern, Zylindern, Kuben. Diese Anhäufung ist überflüssig, aber eindrucksvoll bei diesem städtischen Pendant zu Mount Rushmore: anders als eine wirkliche autoritäre Äußerung versucht sie nicht, andere formale Gesten zu unterdrücken, sondern will sie anspornen.

Vielleicht wären viele Erfinder von Idealstädten glücklich, wenn andere ihre Fackel weitertrügen und die Grenzen des Bereichs, dem man Monumentalität zugesteht, weiter nach außen rückten. Der Papst, der seinen verschlafenen Heimatort in ein Klein-Rom verwandeln wollte und ihn nach seinem Namen in Pienza umbenennen ließ, brachte nicht mehr zuwege, als daß ein paar Kardinäle, Vertraute und Günstlinge, sich hier ihre Privatpaläste errichteten. Pienza ist heute immer noch eine ländliche Ansiedlung mit einem schimmernden künstlichen Herzen, dessen Gewebe ihr Körper abstößt: Der Ort macht nicht die geringsten Anstrengungen, uns den Übergang von dem pulsierenden Pomp des Zentrums in die verschlafenen Nebenstraßen durch herabgestimmte Echos zu erleichtern.

Hauptplatz von Pienza mit
Kathedrale und päpstlichem Palast,
beides von Bernardo Rosselino.

Pienza ist auch dadurch auffällig, daß selbst auf dem zentralen Platz die importierten Ideen nicht rein verwirklicht wurden. Die Kathedrale ist schlecht gebaut und schlecht plaziert; sie steht am Abhang einer Schlucht, in die sie hinunterzufallen droht. Der Palast des Papstes Enea Silvio Piccolomini wirkt, als habe man ihn an einem Wochenende zusammengebastelt – unübersehbare Notlösungen wiederholen sich: im Innenhof ist die Rustizierung bloß aufgemalt, und eine Reihe von Arkaden, die der Seitenfassade nicht entsprechen, sind auf der Rückseite sorglos zugegipst.

Der Ausdruck «Potemkinsches Dorf» geht auf die List eines Ministers zurück, den Weg seiner Kaiserin durchs russische Reich aufzuschminken: Potemkin errichtete längs der kaiserlichen Route Staffagen blühender Dörfer, um einen falschen Eindruck von dem Zustand des Landes zu vermitteln. Pienza ist ein Potemkinsches Dorf, das sich selbst zum Objekt hat; es fällt schwer, sich vorzustellen, daß Pius II. hier, in dieser vorgetäuschten Stadt, viele heitere Stunden verbracht haben könnte. Am peinlichsten ist, daß sich der Ort nur 15 km von Montepulciano entfernt befindet, wo man die wirkliche Großartigkeit der Renaissance in dem bescheidenen Maßstab vorfindet, welcher dem Papst vorschwebte, wo Palast auf Palast folgt in einem Triumphzug, auserlesener als selbst in Rom.

Blick auf die Retortenstadt
Richelieu, eine Hauptstadt
en miniature.

Das Verlangen, eine Stadt zu gründen, überkam auch Kardinal Richelieu; und auch hier wurde der Platz wegen der persönlichen Verbundenheit gewählt. Die neue Stadt Richelieu entstand an der Stelle eines Gutsdorfes und lehnte sich an den Park des großen neuen Schlosses des Fürsten, das heute zerstört und dessen Ausstattung in alle Winde zerstreut ist. Die Stadt allein hat überlebt; und obwohl sie immer zu groß war (das hat ihre Erhaltung gesichert), nehmen wir sie als sehr klein wahr. Der nächste Verwandte dieser Kleinstadt, die da im Poitou begraben liegt, ist Paris – sie ist ein perfektes Modell für Urbanität, perfekter als dies eine wirkliche Stadt sein kann. Von dem triumphalen Tor am einen Ende der Hauptstraße kann man bis zu dem Tor am anderen Ende schauen – Richelieu kommt der Vorstellung einer Stadt, die man *auf einen Blick* erfaßt, am nächsten. Hier gibt es von allem ein Stück: eine Kirche, einen Markt, eine Nebenstraße auf beiden Seiten des Hauptlebensnervs (und darüber hinaus nur noch eine weitere Allee). Und doch, bei aller Reduzierung aufs Wesentliche zieht Richelieu den letzten Schluß nicht: an diesem zufälligen und gleichgültigen Ort wäre eine Stadt überhaupt überflüssig. Nun kostet man ihre hinterwäldlerische Verfallenheit aus. Es gibt keinen Grund, die Stadt zu vergrößern, kaum einen, sie zu erhalten. Und deshalb

97

Ledouxs Planung für Chaux: Geometrisierung im Extrem.
oben: Gesamtplan aus der Vogelschau
(nur der erste Halbkreis wurde gebaut).

Mitte: Das Haus des Faßbinders.
unten: Grundriß des Hauses
der sexuellen Unterweisung.

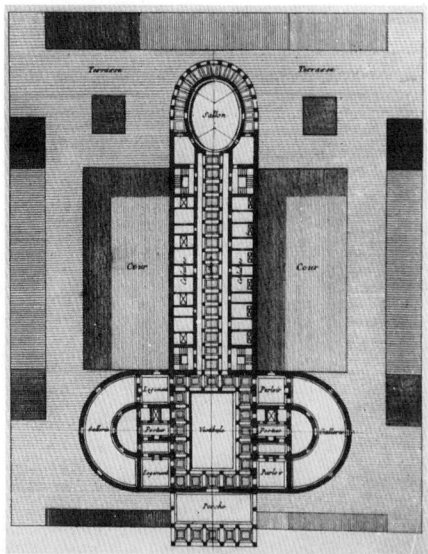

blieb die hier Zeit stehen: Richelieu erreichte uns nur deshalb intakt, weil es ein Fehlschlag war.

Ledoux hatte bei der Planung seiner idealen Gemeinde in den Wäldern des Jura einen solideren Ausgangspunkt, ein königliches Salzwerk, das dort zu bauen war, wo große Mengen Feuerholz zur Verfügung standen. Somit hatte diese Metropole in den Wäldern, diese geometrische Gartenstadt, eine industrielle Ausrede. Schließlich wurden zwar nur das Salzwerk und die Unterkünfte für die Arbeiter geschaffen, doch der Architekt entwarf immer weitere Ringe für sein Sonnensystem, füllte immer weitere Seiten seiner architektonischen Enzyklopädie, auch noch lange nachdem der praktische Zweck abhanden gekommen war.

Das Herzstück bereits ist symbolisch und eine Abbildung der Unendlichkeit. Die Arbeit bestimmt das Zentrum dieses Diagramms der menschlichen Existenz, doch ist die Arbeit hier so sehr metaphysisch sublimiert, daß es erstaunlich ist, daß die Anlage überhaupt funktionierte. (Sie tat dies auch nicht lange; das Verschiffen von Holz auf Kanälen machte den entlegenen Ort bald überflüssig.) Er eröffnet mit einer formalen Ankündigung: einem Torgebäude hinter einem massiven, sockellosen Portikus im reinsten dorischen Stil.

Schon von weitem spürt man, daß unter diesem Schutz etwas verkehrt ist. Die Säulen bewachen eine wilde, rustizierte, grottenähnliche Front: in Kultur eingefangene Natur, gleichsam eine kontrollierte industrielle Explosion. Wenn man diese Prüfungsstätte durchschritten hat, stößt man ins Leere, man befindet sich in einem großen, leeren Halbkreis, an dessen Rändern alle Gebäude der Stadt aufgereiht sind. Es ist dies die Leere erhabener Gedanken – oder eine erhabene Gedankenlosigkeit.

Viele der erregendsten Ideen von Ledoux haben sich auf diese Weise von Inhalt entleert oder halb entleert, etwa das Haus des Faßbinders («Atelier der Kreise»), das aus zwei sich überschneidenden Zylinder-Abschnitten besteht, die sich auf einem hohlen Podium erheben. Der Faßbinder muß eins werden mit seiner Arbeit, er muß in den Abschnitten zwischen den Reifen leben, die er bindet, und muß versuchen, sein Leben in dem soliden Überbleibsel am Rand dieser bildhaften Leere einzurichten: er sitzt in einem gigantischen Reifen, der hochgehalten wird, und sein Leben wird ständig grell und unerbittlich zur Schau gestellt.

Einer ganz anderen Tätigkeit wird eine ganz ähnliche Form zugemessen. Auch das Haus des Flußaufsehers ist ein Reifen, so ausgezogen, daß er ein Röhrenstück bildet, durch das sein Schutzbefohlener, der Fluß, fließt. Der Aufseher muß, wie Kafkas Gefangener in der Strafkolonie, ständig die Lektion seines Lebens lernen. Er kann sich niemals davon abwenden: Wenn er heimkommt, ist er dem ständigen Getöse sogar noch näher, das den Kreis seiner Pflichten bestimmt. Bei jedem anderen würde man sagen, es handelte sich um eine Architektur der Zeichnung, nicht des Gebrauchs; Ledoux setzte aber darauf, daß die erstere irgendwie die letztere verschlingen sollte. Er projektierte einen profanen Tempel, der die Apotheose einer solchen Theorie gebildet hätte. Keine eitlen Rituale ohne praktisches Resultat, sagte er sich: In seinem Tempel der Liebe bestand das Ritual im Beischlaf. Auf bizarre Weise parallelisierte er soziale und biologische Tatsachen, die Geschichte des individuellen Verlangens wurde mit der Reise des Spermas gleichgesetzt.

Nur auf dem Grundriß zeigt sich das Gebäude nackt; äußere Vorbauten werfen einen schamhaften Schleier über die im Innern ausgeübten tumultuarischen Aktivitäten. Der Mann verfolgt die Frau mit zunehmender Geschwindigkeit durch die ausbauchenden Vorräume am Eingang, dann durch den monumentalen Schaft bis in die privaten Räume rund um die Spitze, wo die Handlung vollzogen wird. Dort schließlich tritt das befriedigte Paar heraus. Auffällig ist, daß *ein* Geschlecht als Modell für beide genommen wird. Die Aussage dieses Szenarios ist, daß das private Verlangen für die Gemeinschaft das gleiche bedeutet wie die Ejakulation für das Individuum. Dieser Symbolismus ist wahrscheinlich für männliche Beteiligte befriedigender; für sie mögen die beiden Bedeutungen manchmal übereinkommen. Die Frau wird sich mehr noch als sonst zum Objekt erniedrigt vorkommen, weil sie durch diese architektonische Stilisierung der männlichen Anatomie unterworfen wird.

Man mag einwenden, daß dies schließlich ein Bordell sein sollte und nicht ein eheliches Schlafzimmer. Doch Ledoux' Idealität prostituiert eben die meisten Erfahrungen, er macht sie öffentlich und professionell, ob er das nun beabsichtigte oder nicht. Wenn Häuser die Bewohner beschreiben und der Grundriß der Stadt den dort gelebten Leben ihren Zuschnitt gibt, wird die Bevölkerung sich in mechanische Karikaturen und in widerspenstige Gefangene aufteilen.

Sonderbar genug: Es gab einige kleinere religiöse Gemeinschaften in Amerika, die der Realisierung einer solchen Ledoux-artigen Rationalität über einen längeren Zeitraum am nächsten kamen. Eine derartige Rationalität hat in der Regel ihre Grenzen: die Shaker waren zum Beispiel überzeugte Zölibatäre, und so starb, nach einer erstaunlich langen Dauer von 150 Jahren, die Gemeinde endlich aus. Heute schätzen wir sie wegen der Klarheit ihrer Hausgeräte und Möbel. Diese erscheinen ultra-praktisch, eine Wertschätzung der Funktion, die den modernen Geschmack zwar sehr anspricht, zugleich aber ausgesprochen steril ist. Die Mentalität der Shaker verabscheut Gedränge und körperliche Berührungen. Sie ist derart heikel, daß die Probleme des Säuberns und des Wegstellens der Dinge beklemmend in den Vordergrund treten. Der Ordnungssinn der Shaker wirkt ohn' Unterlaß, er ist kein vorübergehender Anfall. Das Leben ist ein endloses Gebet, und jedes Ding gehört an seinen bestimmten Platz. So werden die Reihen der auf Augenhöhe angebrach-

Innenarchitektur mit Zwangscharakter:
Raumaufteilung und
Mobiliar der Shaker.

ten Haken, an denen die jeweils zugewiesenen Gegenstände hängen, zum bestimmenden dekorativen System der Räume, wie ein klassisches Fries oder eine Blumenbank.

Aus der Luft sehen Fabrikstädte des 19. Jahrhunderts oftmals aus, als ob dort Shaker lebten. Identische Häuser bilden erfreulich gleichmäßige Reihen, alles ist an seinem Platz, jede Straße gleicht der anderen, wie sich, idealerweise, zwischen den einzelnen in Fabriken produzierten Gütern kein Unterschied sollte finden lassen. Für Hunderte von Jahren bedeuteten Idealstädte die Anwendung von Rationalität auf das Durcheinander, zu dem den Menschen ihr öffentliches Leben geworden war. Dann, mit der Umwälzung, die wir Industrielle Revolution nennen, wurde es schnell möglich, eine bisher nur erträumte Uniformität bei bearbeiteten Produkten zu erzielen, darunter auch bei Ziegeln, Bedachungen, Gesimsen und allen anderen Bauteilen. Und zur gleichen Zeit schien es, jedenfalls für einige, erstrebenswert, dem Leben der Arbeiter eine gewisse Gleichförmigkeit aufzuprägen.

101

Mit diesen grobmaschigen Überlegungen soll eine sehr schmerzvolle Erfahrung angedeutet und ein rudimentäres Verständnis dafür vermittelt werden, warum Idealgemeinschaften ab einem bestimmten Zeitpunkt im 19. Jahrhundert antirational und offenkundig regressiv werden. Arts and Crafts idealisierte das vom Maschinenzeitalter unberührte englische Dorf, und tatsächlich lassen sich Ernest Gimson, die Brüder Barnsley und andere in einem nieder. Glos Sapperton zieht in das Gebiet der Cotswolds, das aufgrund des hügeligen Geländes etwas isoliert lag; von hier kamen die Steine, die den Verfallsprozeß alter Gebäude verlangsamten. Es gab damals gute Gründe, sich gerade in dieser Landschaft anzusiedeln, aber von unserer überlegenen Position aus riecht der ganze Plan, zu dem auch gehörte, das Landvolk in veralteten Techniken auszubilden, nach Theaterschminke, nach einem Genrestück im Kostüm der Zeit.

Verglichen mit einigen seiner Nachfolger, war der Plan noch authentisch und unreguliert genug. Eine andere Künstlersiedlung, jene in Darmstadt, glich eher einem vom Grundherrn geplanten Dorf des 18. Jahrhunderts als einer freien Gemeinschaft. Finanziell vom Hessen-Darmstädtischen Großherzog ausgehalten, besaß sie in Joseph Olbrich ihren ästhetischen Diktator, für den das alles organisch aussah. Wenn solche organisch geschlossenen Einheiten durch ihre Dissidenten erst richtig in Erscheinung treten, dann war Darmstadt bald unverkennbar.

Der Traum vom Dorf blieb nicht Eigentum der Künstler. Die englische Gartenvorstadt vermittelte dieses Ideal einem weiteren Publikum. Bei diesen Gebilden ist zweifellos der sozialgeschichtliche Aspekt am interessantesten, da bleibt noch viel zu erforschen. Wie weit dieses Publikum wirklich war, wird wohl immer im dunkeln bleiben.

Der Gründer des größten ästhetischen Erfolgs unter den Gartenvorstädten, der Gründer von Hampstead, wollte einen Ort schaffen, wo sich alle Klassen vermischen sollten. Einfache Arbeiterwohnungen lagen auf einem Teil des Geländes, wobei man die Aufteilung in Wohnungen zu vertuschen suchte. Das Gutsdorf des 18. Jahrhunderts muß offenbar als der eigentliche Vorfahr solcher Vorstädte angesehen werden, wie wenig man das auch immer wahrhaben wollte. Sieht man sich die kleinen Klosterzellen der Garagen an, jede mit einer Chauffeurwohnung versehen und alle durch diagonale Baumzeilen von den feineren Häusern abgegrenzt, dann fühlt man sich plötzlich in feudalistische Zeiten zurückkatapultiert.

Am Auto ist diese und sind viele andere Gartenstädte gescheitert. Die Planer ignorierten es, doch heute haben eingeschobene Garagen einen großen Teil der Planungsabsichten unkenntlich gemacht. Denn an der Gartenstadt Hampstead ist, ähnlich wie bei einem Ha-ha, auch das bemerkenswert, was nicht da ist, vielmehr, das, was man nicht sieht. Vom eigenen Haus aus sieht man nicht viele andere Häuser, man sieht weder Mauern noch Gräben,

Unterschiedliche Klassen
in einträchtiger Nachbarschaft:
Gartenstadt von Hampstead bei London.

lediglich niedrige Hecken (wobei es sich hier um Baumhecken handelt), und nur gelegentlich ergibt sich ein weiteres Blickfeld. Nur selten sehen nebeneinanderstehende Häuser gleich aus, und selten verlaufen Straßen gleichmäßig über größere Strecken. Verschiedene Formen von Abschließung und Öffnung fanden hier Anwendung: abgeschlossene Plätze, Sackgassen, versetzte Reihen. Parker und Unwin, die verantwortlichen Planer, hatten sorgfältige Studien an ungeplanten Siedlungen und einzelnen Gebäuden gemacht und aus diesen vorgestrigen Scheunen und Weilern ein System destilliert, welches Architekten anwenden konnten, wenn sie auf intelligente Weise Kunstlosigkeit produzieren wollten – gleichsam eine moderne Variante des Landschaftsgartens des 18. Jahrhunderts. Bis heute haben wir in Hampstead häufig das Gefühl, wir befänden uns kilometerweit von London entfernt.

Obwohl man stets die Werte der Gemeinschaft pries, war die Gartenstadt-Bewegung zutiefst antiurban. Ihre modernen Nachkommen, die Vorstädte von heute, waren der Tod der Stadt, wie jeder weiß, der einmal in einer gelebt hat.

103

Pontmeirion, Wales von Clough Williams-Ellis.
Wunschtraum als Collage.
Alte Gebäudeteile, als objets trouvés verbaut.

Seltsame Ironie: Für die Generation der sechziger Jahre wurde die Vorstadt mit einem Mal zum Symbol einer zerstörenden Uniformität des Lebens, und an verschiedenen entlegenen Orten – in Nordkalifornien, in Wales – bildeten sich Kommunen, eine weitere Entwicklungsstufe des Vorstadt-Ideals, nur daß man die Vorstädte noch mehr verabscheute als selbst die Städte.

Als Clough Williams-Ellis die Stadt Pontmeirion erfand, meinte er, sie müsse auf einer Insel liegen. Also suchte er und fand schließlich die Halbinsel, wo sie nun steht. Er hatte sie bereits lange gekannt, weil sie nicht weit von seinem alten Familienstammsitz entfernt ist; für die Öffentlichkeit ist sie aber besser gelegen. Williams-Ellis beschreibt seine fiktionale Stadt sehr sympathisch als etwas, was er immer schon habe bauen wollen; er sei dabei keinem Diktat, sondern nur seinen eigenen Vorstellungen gefolgt. Was entstand, ist jedoch eine seltsam historistische Phantasie, die man schwerlich nur seiner persönlichen Eigenwilligkeit zuschreiben kann; sie wirkt eher wie eine Lisztsche Klavierphantasie über eine bekannte Oper, im Maßstab reduziert, aber im individuellen Ausdruck gesteigert.

Pontmeirion ist eine Vermischung klar definierbarer Stilelemente zu einem unwägbaren Ganzen. Clough Williams-Ellis zögert überhaupt nicht, Teile verschiedenster Herkunft so zusammenzusetzen, daß selbst Experten sie nicht mehr voneinander zu sondern vermögen. Eine Decke, die von einem abgerissenen englischen Haus des 17. Jahrhunderts stammt, wird in ein deutsches Rathaus versetzt; die obere Hälfte eines geretteten Kaminsimses von Norman Shaw wird in die Vorhalle einer spanischen Kirche eingegipst, die kaum größer ist als ein Zimmer mit Aussicht.

Das ganze «Dorf» ist ein sicherer Hafen für Unmöglichkeit – der Ausspruch des Bauherrn, er habe die Menschen für die Schönheiten der Architektur begeistern wollen, ist dieselbe Augenwischerei, mit der Disneyland oder Williamsburg uns weismachen wollen, sie vermittelten die amerikanische Lebensart. Von diesen dreien ist Pontmeirion sicherlich der ruhigste und seriöseste Ort, aber auch er quält den Besucher damit, nur einen Teil der Melodie zu spielen und ihn den Rest ergänzen zu lassen. Was besagt, daß, wer nie in Italien oder Spanien gewesen ist, bevor er hierher nach Wales kommt, die ganze Sache reichlich dünn finden wird, weil er nicht erkennen kann, daß diese Miniaturpiazzas und Zwergenhügel ihre größeren Vorbilder in einem Klima haben, wo das Sonnenlicht für strahlende Helligkeit sorgt und nicht die gelbe oder rosa Farbe. Diese Spielzeugstädte sind Derivate, Imitationen von etwas, das anderswo vorhanden ist und das man von dort her kennt. Es gibt keinen kontinuierlich bewohnten Ort, auf den das zutrifft. (Für Disneyland kommt jeden Abend der Augenblick der Wahrheit, wenn die Tore sich schließen und die kunstvoll gekrümmten Straßen blitzblank und menschenleer zurückbleiben.) Eine Mittelmeerstadt in Wales, ein Venedig in Florida, das 18. Jahrhundert im heutigen Virginia. Der Besucher staunt, wie echt das alles aussieht – so lange, bis er findet, daß er nun von diesem Spaß genug hat.

Durch eine verkehrte Logik gibt sich Williamsburg seriöser und realer, weil es seine Kerzenzieher und seine ungepflasterten Landstraßen hat, weil spätere unharmonische Einsprengsel beseitigt wurden und man die entstandenen Lücken mit Repliken von Gärten des 18. Jahrhunderts aufgefüllt hat. Wirklich realer? Ein zurechtgestutzter Blick aufs 18. Jahrhundert; eine Ausstellung von bodenständigem Handwerk, das in der Luft hängt und mit dem der Besucher und der Welt, aus der er kommt, nichts, aber auch gar nichts zu tun hat.

Williamsburg ist ein Kind der dreißiger Jahre, und die landschaftlichen Straßen, die es mit den noch imaginäreren Plätzen in Jamestown und Yorktown verbinden, gehören zu den gelungensten Idealisierungen dieser Epoche. Fahren ohne sichtbare Wegweiser kann hier zu einem wunderbaren Erlebnis werden. Auch das ursprüngliche Disneyland, das 1955 öffnete und jetzt schon historisch ist, machte die Zufahrt zu einem wichtigen Teil des Vergnügens.

Doch in diesem Fall muß man seinen Weg durch das Gewirr der Vorstädte von Los Angeles finden, dem ersten Stadtgewirr, das nicht durch ein reiches

Zentrum gerechtfertigt war – ein Meilenstein der Demokratie, ein autonomes Stadtgewirr. Man gelangt an den Eingang von Disneyland… und besteigt die Einschienenbahn, die einen auf einer wortreichen Rundreise an ausgedehnten Parkplätzen vorbeiführt, dann ausgeklügelt das ganze Terrain umkreist, so daß man von jedem der «Länder» auf dem Gelände einen Appetithappen mitbekommt – wie wenn jemand beim Nachhausekommen schnell durch alle Räume geht, um zu sehen, ob noch alles da ist. Für den Neuling ist die Falle dabei nicht sofort ersichtlich. Weil er die Ausdehnung des Geländes nicht kennt, weiß er nicht, daß er bei dieser Rundfahrt bereits alles gesehen hat.

Gute Karten von Disneyland sind aus gutem Grund nicht erhältlich. Wie ein Garten des 18. Jahrhunderts entfaltet es seine Energie am besten, indem es seine Begrenzung verhehlt. Wenn man hineingeht, hat man so etwas wie einen Übersichtsplan im Kopf. Man wird sich an diese ungefähre Vorstellung davon, wie das Gelände zusammenhängt, erinnern, wenn man entscheiden will, wo man gerade hingehen möchte. Man kann sich aber nicht darauf verlassen, wenn man das untersucht, was einen am meisten interessiert: die Beschaffenheit seiner Ränder und Grenzen.

Wie die künstlichsten aller Gärten fügt sich Disneyland so überzeugend in seine engen Grenzen, daß man sich fragt, wo denn die vielen Piratenhöhlen sein mögen. Im Untergrund, heißt die Antwort und heißt das Geheimnis dieser phantastischen Verdichtung. Kommt man von einem der «Ausflüge» ins Halbdunkle wieder an die Oberfläche, empfindet man die Fähigkeit des Ortes, die menschliche Einbildungskraft mit ihren überlappenden Fähigkeiten, die keinen Raum brauchen, zu repräsentieren, am stärksten, weil das so kunstvoll ineinander verschlungene Disneyland uns als physisch unmöglich anmutet.

Disneyland ist ein eindrucksvoller Prototyp für viele Qualitäten des amerikanischen Lebens, weil es die ganze Welt in Fiktion und Spiel verwandelt zeigt. Die Hälfte der Restaurants und viele der Läden in Amerika sind seine Abkömmlinge, Teil einer galoppierenden «kreativen Aufladung» von Aktivitäten, die früher einfach nur vorhanden waren. Für Disneyland, diese Brutstätte von Spaß, wurden immense Summen ausgegeben: Allein mit den glitzernden Pfeilern, die bei den «Piraten der Karibik» in den tiefen Tunneln wie Schätze in einer Mine versteckt wurden, könnte man mehrere Opern ausstatten. Diese visionären Ausgaben sind aber nicht, wie Walt Disney auch aus dem Grab noch fortfährt uns zu beteuern, sein Geschenk an sein geliebtes Amerika. Denn das Geld floß nur so reichlich, damit es um so reicher zurückströmen sollte. Nun wechselt nur weniges Geld in diesem heiligen Kreis des Spaßhabens seinen Besitzer, doch Disneys größtes Geschenk an sein Land bleibt die Entdeckung, daß sich Spaß so wunderbar bezahlt machen kann.

Verläßt man Laon in Nordfrankreich, mag man sich fragen, wie man der ganzen Welt danken kann, daß sie einem ein solches Vergnügen bescherte.

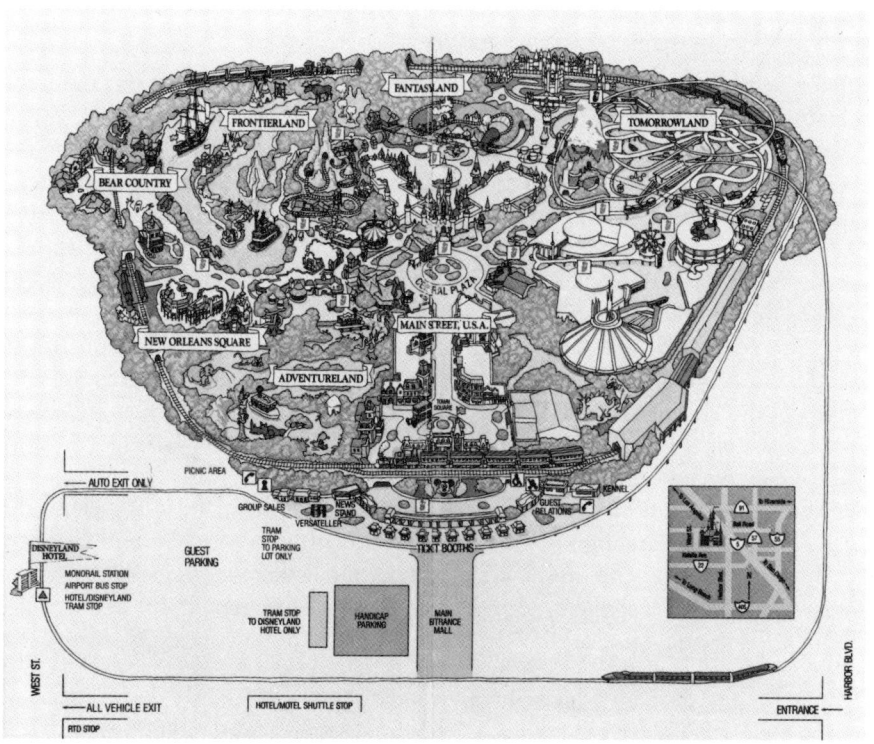

In Disneyland reichen sich
Profitstreben und Unterhaltungsbedürfnis
in aller Form die Hand.

Sie ist eine der perfektesten Städte für den Tourismus, ein antirationales Ideal wie Disneyland; sie kristallisiert sich, wie die meisten kostbaren Überreste von Städten, auf der Spitze eines Hügels, auf dem als noch herrlicheres Juwel die Kathedrale sitzt – ein muskulöser Kristall, der mehr enthält, als man jemals aufnehmen, ja als man auch nur auflisten kann. Verläßt man Disneyland, schuldet man niemandem etwas, obwohl man wahrscheinlich weniger Spaß gehabt hat, als man gehabt haben sollte. In Laon unterschreibt man einen Schuldschein, den man einlösen kann, wenn man einen Roman über das Verhältnis zwischen der hohen alten Stadt und der wuchernden neuen unter ihr schreibt. Hier könnte man der Abhängigkeit der Kunst, wegen der man kam und die man hier oben abschöpfen wollte, vom Kommerz nachgehen, den man nicht zur Kenntnis nehmen und unter sich zurücklassen wollte. Vielleicht besteht der Unterschied zwischen Laon und Disneyland in der Wahlmöglichkeit, sich entweder selber zum Narren zu halten oder aber zum Narren gehalten zu werden.

Ruinen

Ruinen sind Ideen – entscheidend vor ihnen ist die Gestimmtheit des Betrachters; fast könnte man sagen, Ruinen seien eine Art und Weise des Sehens. Zwar existieren sie in der Wirklichkeit, aber seit dem 18. Jahrhundert werfen sie nicht einfach nur ein Problem der Instandhaltung auf. Praktisch jeder von Menschen geschaffene Gegenstand, der in Verfall gerät, ist ein Vorschein des Untergangs und stellt uns die Frage, wie wir uns in der Geschichte sehen, ob als Vorläufer oder als Spätlinge; in besonders schmerzlichen Fällen konfrontieren uns Ruinen mit unseren Vorstellungen vom Ende der Welt.

Eine Mentalität, die sich mit Ruinen einläßt, erscheint frivol, denn sie ist auf die Erscheinung, nicht auf das Wesen gerichtet. Sie ist zutiefst pessimistisch, zählt auf die Vorväter, nicht auf die Nachkommen, wenn sie auch keineswegs glaubt, die eigene Epoche sei dekadent. Die Einstellung zur Dekadenz ist in jeder Kultur ein interessantes und zweischneidiges Thema. Mit unserer Vorliebe für Ruinen bestätigen wir unseren Glauben an Dekadenz, unsere willentlich-unwillentliche Besessenheit von dieser Idee. Ruinen sind Modelle und Devisen für die zusammenbrechenden Prinzipien und den nicht mehr einheitlich gerichteten Geist eines Zeitalters, das keinen festen Glauben mehr besitzt, sie begleiten den nachreligiösen Menschen und suchen ihn mit den Gespenstern des Glaubens heim.

In England entwickelte sich der Geschmack an Ruinen auf ländlichen Kirchhöfen, nicht anhand klassischer Ausgrabungen. Bentleys Illustrationen zu dem Gedicht *Elegie geschrieben auf einem Dorfkirchhofe* von Thomas Gray sind das Modell für diesen pittoresken Enthusiasmus. Man entdeckt ein gesundes Mißtrauen gegenüber der Metropole oder eine Obsession für Gräber, abgelegene Orte und rückständige Gegenden. Die ästhetischen Vorlieben entsprechen dieser gesellschaftlichen Verweigerung oder Perversion: man schätzt das Unvollendete und die Asymmetrie, man konzentriert sich auf die Silhouette, auf verwilderte Ränder, nicht aber auf Solidität und Masse. Der Geschmack an Ruinen bildet einen exzentrischen Zweig des Rokoko, der in England den ganzen Baum dieses Kunststils mit sich zu ziehen drohte. Dort blieb es immer ein stark literarisch belasteter Stil, der immer mit Erzählungen aufgeladen war.

In England ging dieser Prozeß mit einer «Verkirchlichung» einher: des Gartens, des Hauses und – natürlich am tiefgreifendsten – der protestantischen Kirche; in Rom, der Hauptstadt der Ruinen, sah er ganz anders aus. Hier wurden die Zellen der Mönche als Ruinen von säkularen, ja schlimmer noch, heidnischen Bauwerke gestaltet. Clérisseau gestaltete für zwei französische Priester sein berühmtes Ruinenzimmer im Konvent von *Trinità dei Monti*, das so sehr die Stimmung und das Verlangen dieses Zeitalters traf, daß es oftmals kopiert wurde.

Ruinenzimmer für den
Konvent S. Trinità dei Monti in Rom,
von Jacques-Louis Clérisseau

In Rom Ruinen zu bauen, hieße Eulen nach Athen tragen. Entscheidend hierbei war jedoch, daß man diese Ruine bequem bewohnen konnte, man genoß die Schönheit der gestörten Ordnung, ohne doch auf Annehmlichkeiten verzichten zu müssen. Eine ganze Wand war zusammengestürzt und ließ nun die Sonne ein, das Dach bestand nur noch aus einigen morschen Brettern mit großen Lücken dazwischen. Die übrigen Wände waren aus Sarkophagen zusammengezimmert, mit später ausgebrochenen Fenstern; die modrigen Steine waren mit Moosen und Farnbüschen überzogen.

Man sah jedoch auf den ersten Blick, daß diese ganze Instabilität lediglich ein aufgemalter szenischer Effekt war, worunter sich durchaus verläßliche Wände befanden. Man zögerte nicht, sich auf die Stühle zu setzen, die wie umgedrehte Kapitelle aussahen; man zog sie an den Tisch (ein verwittertes Sims) oder den Schreibtisch (ein zerschmetterter Sarkophag); man spielte mit dem Hund der Mönche, nachdem man ihn aus seinem Lager, einer umgestürzten Urne, herausgelockt hatte. Mit einer Robinsonade, mit dem Traum vom erfinderischen Gebrauch, wo man entdeckt, daß bestimmte exotische Pflanzen

109

sich durch Form und Beschaffenheit gut zu Besen und Eimer eignen, hat dies nichts zu tun. Vielmehr herrscht hier eine vollständige Camouflage der Funktion: Alles wirkt zufällig und wird in einem willenlosen Nachleben zweckentfremdet genutzt.

Der bedeutendste Propagandist dieser Ansicht von jener historischen Situation war Giovanni Battista Piranesi. Ihm behagte es, den Reichtum der Geschichte als einen Schutthaufen nutzloser und – wichtiger noch – unbestimmbarer Stücke anzusehen. Prachtstücke eines großen Zeitalters, Büsten, Reliefs und Urnen, versinken in oder werden zu Wasser- oder Blütenfluten. Im Verlauf des Verfallsprozesses beginnen Steine weicher, organischer auszusehen, als wäre die Welt einst ein lebendiges Geschöpf gewesen oder als sei sie auf dem Weg, es wieder zu werden.

Wuchernde Formen der Organisation gewinnen an Bedeutung: die Hauptachsen sind vergessen, und die widersinnigsten Disproportionen setzen sich durch. Der Beobachter geht in einer phantasmagorischen Dichte verloren; alle Versuche, sich nicht von seiner Richtung abbringen zu lassen, sind zum Scheitern verurteilt. Für Piranesi bedeuten Gefängnisse den Entlassungsschein in ein freieres räumliches Experiment hinein, doch in mancher Hinsicht sind für ihn alle Räume Gefängnisse, die man freiwillig, in Vorfreude auf die lustvollen Verwirrungen betritt, die einen dort erwarten.

Piranesi ist einer der überzeugendsten Meister der gezeichneten Architektur, von dem viele gelernt haben, die Täuschung der Realität vorzuziehen, weil die am höchsten gepriesenen Formen geistiger Freiheit einen gewissen Rückzug vor der Realität erforderten. Man wird zu seinem eigenen Gefangenen. Künstliche Ruinen sind dementsprechend nicht immer nur ein Ersatz für nicht vorhandene wirkliche, auch wenn einfachere Gemüter durchaus so empfinden mögen. Diese Aussage jedoch ist heikel; denn die meisten Ruinen sind hergerichtet, man hielt den Verfall in einem bestimmten Stadium fest, fügte etwas hinzu oder nahm etwas weg. Es gibt künstliche Ruinen, bei denen zwischen die neuen Steine authentische Trümmerstücke verbaut wurden, um dem Ganzen Autorität zu verleihen; es gibt wirkliche Abteien, deren eindrucksvollste oder nutzbarste Räumlichkeiten spätere Hinzufügungen sind.

Im wesentlichen aber ist es durchaus richtig festzustellen, daß künstliche Ruinen in den meisten Fällen absichtlich mit der Religion Mißbrauch trieben und mehr beabsichtigen als kleine unschuldige Täuschungsmanöver. Man baute das Schattenbild einer Kirche, baute etwa einen Turm und den Teil einer Wand mit einem pompösen Portal, das nirgendwohin führte als auf die andere Seite dieser Wand. Von Anfang an gab es hier nichts als vorgetäuschten Schrecken und vorgetäuschte Feierlichkeit, das leere Gehäuse oder den leeren Rückenschild eines Glaubens – eine Rokoko-Version von Gefühlen, deren zugehöriger Körper lange schon vergangen war, als wäre er von innen heraus durch einen Prozeß organischen Zerfalls aufgezehrt worden.

Vorboten der Romantik.
oben: Richard Bentleys Illustration zu Grays Kirchhofselegie, 1753.
unten: Ein Blatt aus Piranesis *Groteschi.*

Försterhaus in der Verkleidung
einer gotischen Kirchturmspitze:
Rendlesham in Suffolk, etwa 1820.

Zu anderen Zeiten werden mittelalterliche Formen mit neuen (und unangemessenen) Funktionen aufgefüllt: Bei der *Woodbridge Lodge* in Rendlesham in Suffolk steht eine überdimensionierte gotische Turmkrone direkt auf dem Grund, wie das triviale Überbleibsel einer riesigen Kathedrale, von deren Rest man sonst nichts sieht. In einem wirklichen gotischen Bau wäre sie das unbewohnte Schlußstück eines großen, aufsteigenden Turms, der seine Silhouette gegen den Himmel werfen und uns zum Hinaufschauen veranlassen würde. Nun aber zeigen uns Haustür und Fenster in den Seitenwänden, daß es sich um die Behausung des Wildhüters handelt, und wenn wir dort, wo sich die Strebebögen treffen, Rauch aufsteigen sehen, wissen wir, daß diese Kaminrohre enthalten.

Dieses Försterhaus ist nur ein mißratenes Beispiel für eine weitverbreitete Modetorheit, den Kult des Fragments; man versuchte so, dem schmerzlichen Verfallszustand eine positive ästhetische Note abzugewinnen. Landschaften ähnlich der um *Woodbridge Lodge* sind häufig mit halbverborgenen Schätzen übersät; sie bilden ein verstreutes Museum voller gotischer Überreste, über die man mit kleinen Schrecken der Überraschung stolpert.

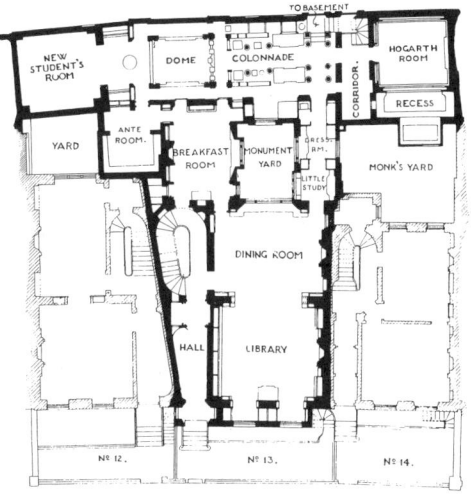

Sir John Soanes Haus
in Lincoln's Inn Fields, London.
links: Kuppelsaal. *rechts:* Grundriß.

Eine der besten und reifsten Früchte der Ruinenmode findet sich unerwar-
teterweise in einem Londoner Reihenhaus, das der Architekt Sir John Soane
über viele Jahre für sich zusammenschusterte; ohne einheitliche Konzeption
wuchs es eher wie ein monströses Gewächs immer weiter bis zu dem Tag, als
sein Bewohner verstarb.

Der Grundriß zeigt, daß das Gebäude, was von außen in der Breite als
geschlossene Einheit erscheint (und es an der Vorderseite auch ist), sich zur
Rückseite hin dreiteilt – eine unklassische, irreguläre Lösung. Was in den
Einlaßräumen und Vorzimmern nur als Andeutung sichtbar wird, erweist sich
in der Reihe der Studien- oder Museumsräume, die den hinteren Teil des
Hauses verschlingen, als verzehrende Obsession. Für gewöhnliche Zwecke
sind diese Räume nicht nutzbar; sie sind zu vollgestopft mit Soanes diversen
Sammlungen, um etwas anderes zuzulassen als Betrachtung und geistige
Arbeit.

Im Zentrum befindet sich der Kuppelsaal, ein Raum, der drei Stockwerke
durchbricht; er ist voller Diskontinuitäten, deren Modell die Ruine, nicht ein

113

fertiger Bau ist. Die unterliegende erdichtete Struktur wird drastisch verdunkelt von aufblitzenden Fragmenten unterschiedlichster Art und Form, großen Gesimsstücken, Dachornamenten, kolossalen Köpfen, Urnen und chaotischen pflanzlichen Schnörkeln.

Allerlei Materialien – antiker Marmor, moderner Stuck, gotisches Holz, bunt zusammengewürfelt – fließen durcheinander wie in einem phantastischen Traum, als wären die Geister aller nahegelegenen Gräber (die unteren Bereiche des Raums enthalten ägyptische, mittelalterliche und antike Gräber) zusammengerufen worden und vereinigten sich hier zu einem seltsamen zusammengeballten Leben. Soane beschwört eine belebte Vision der Vergangenheit herauf, die sehr nah beim Wahnsinn liegt, wo sich Kategorien auflösen und Hierarchien kollabieren.

Selbstverständlich wußte dieser Architekt, was er tat; seine Leidenschaft war kalkuliert: Mittels pittoresker Effekte, die Museum und Mausoleum, Zeugnisse von Personen und Kulturen miteinander verbanden, sollte ein Haus als verschwenderisches Monument der Erinnerung entstehen. Das ist auch die Absicht seiner im engeren Sinne architektonischen Konzeptionen, wo die leicht angedeuteten klassischen Formen wie Inschriften, die schwinden, wenn sich der Betrachter ihnen nähert (Archäologen sind auf diese Erscheinung näher eingegangen), eine zarte Verbindung zu den eigenen historischen Vorbildern und dem Gedächtnis der Vorväter andeuten.

Wo die Konzeption sich am reinsten verwirklicht, etwa in dem dem Kuppelsaal nächstgelegenen Frühstückszimmer, werden Soanes Räume spektral: Wände lösen sich in Licht auf, Decken verfließen, die Räume zerfallen in Spiegel, Bilder und farbiges Glas. Das Auge durchwandert sie ruhelos und genießend, etwa so, wie sich der unbekümmerte ausländische Tourist durch Rom bewegt. Soane leistet die subtilste und vollständige Einhausung dieser ephemeren Sinneseindrücke eines ernsthaft bemühten Reisenden in die Permanenz des Plastischen.

Bis auf den heutigen Tag sind diese Räume rätselvoll und schwer zu erfassen, aus Gründen, die mit dem verbunden sind, was wir vor oberflächlichen modernen Ruinen-Nachahmungen empfinden, die vom Kommerz motiviert sind. Wer hätte gedacht, daß zeitgenössische Amerikaner beim Einkaufen ihre Fiktion vom ewigen, stets neuen und blanken Konsum mit Phantasien des Verfalls würzen könnten? Genau dieses aber tun sie, wenn sie dem bizarren Design von SITE für die Ladenkomplexe von *Best Products* gegenüberstehen. Die Entwürfe bilden eine Serie, genauso wie Piranesis Studien von nahezu ununterscheidbaren römischen Ruinen. Bei den Läden von Best hat die Krankheit des Verfalls nur einen kleinen Teil des Baus angegriffen, und zwar unvermeidlich in der Nähe des Eingangs, während der Rest unbetroffen bleibt und sich in nichts von der Öde der üblichen Einkaufszentren unterscheidet. Man könnte darüber streiten, ob der Rest gefährdet erscheint oder ob diese

Fassade des Einkaufszentrums
von *Best Products* in
Houston, Texas, 1975.

Exzentrizität statt einem Vorboten nicht bloß ein Karbunkel darstellt. Sicherlich: der Betrachter wird geneckt und verspottet durch Anzeichen, daß der Zusammenbruch auch ihn verschlingen werde, weil die Mauern über ihm zusammenstürzen, wobei die leere Form eines V entsteht, eine Lücke in der ebenen Wand, durch die die weggleitenden Massen auf uns zuzustürzen scheinen wie das Geröll einer berstenden Klippe.

Der Witz besteht hierbei in der der Bewegung aufgezwungenen Ruhe. Der Fall des Machtvollen ist in seinem Sturz eingefangen wie in dem Standbild aus einem Actionfilm. Deshalb fühlen wir uns relativ sicher; wir können auch weiterhin die Steinmasse dabei beobachten, wie sie gerade dabei ist, auf den Boden (genauer: das Vordach) herabzustürzen – so wie der Satyr auf der Urne immer gerade das Mädchen zu erhaschen scheint. Dem Konsumenten wird unterschwellig versichert, daß der Tod sich noch ein Weilchen aufhalten ließe und er in Ruhe noch einmal einkaufen gehen könne. Warum – so scheint der Bau zu suggerieren – nicht noch einmal das Spiel spielen, wo es doch sonst nichts gibt? Diese gänzlich weltliche Sicht auf die letzten Dinge ist dem

115

Touristen angemessen, den als Landschaften im Wesentlichen dann doch nur Kauflandschaften interessieren.

Es ist unüblich, Ruinen danach zu klassifizieren, ob sie plötzlich und gewaltsam oder aber nach und nach in diesen Zustand gerieten, wohingegen man Todesfälle eben genau danach sondert. (Blieben die Toten auf der Erdoberfläche, würde man dies wahrscheinlich nicht tun.) Nur selten ist uns bekannt, wie ein Gebäude zur Ruine wurde, und deshalb sehen wir darin einen einzigen, sich immer wiederholenden Prozeß. Es ist überraschend, wenn man entdeckt, daß die zerrissene Ecke eines von einer Gasexplosion zerstörten Wohnhauses sich als pittoresk erweist, genauso wie der Besuch eines von einem Erdbeben entvölkerten Dorfs. In solchen Fällen kam die Leere über Nacht, während sie in der Regel Ergebnis eines langwierigen Prozesses ist. Gelegentlich finden sich Hinweise auf eine Zerstörung in vielen winzigen, kaum merklichen Schritten, vergleichbar dem menschlichen Alterungsprozeß, diesem jeden Morgen erneuten Schrecken, wenn die früheren Merkmale des geliebten Menschen immer mehr von Unfähigkeiten und Hinfälligkeit überdeckt werden, als schöbe sich langsam eine Hügelkette vor den Blick.

Wir benötigen eine Auflistung der Stadien des Verfalls, vergleichbar einem Farbkreis, wo die immer stärkere Zumischung von Weiß das Schwinden der Farbe kennzeichnet. Die sublimsten Ruinen, so meint man, sagen nichts mehr über ihre frühere Verwendung aus. Dem Auge des Laien bleibt der frühere Nutzen verborgen. Sichtbar ist lediglich, daß es sich um etwas handelt, was einst deutlich bestimmt war und nun wieder in die Landschaft zurücksinkt. Das läßt sich erkennen, weil uns zufällige Reste von Bearbeitung ins Auge springen, beispielsweise der verwitterte Überrest einer kannelierten Säule, Dinge, deren Funktion man von anderswoher kennt. Auf der Insel Delos findet sich fast nur noch Gesplittertes und Zerborstenes, eine Diskontinuität, für die es vor Dada keine bewußte literarische Parallele gibt – und selbst da ist fraglich, ob Heartfields typographischer Wirrwarr als reine graphische Gestaltung anzusehen ist oder nicht vielmehr mit einer Sprache zu tun hat, die starb oder ihre Bedeutung verlor, aber doch Sprache bleibt und einen an die Zeit gemahnt, wo sie noch benutzbar erschien.

Das ist ein Extrem der Ruine, aufzufinden in einigen der bedeutendsten klassischen Stätten, etwa in Leptis Magna in Libyen, wo der Körper so fein zermahlen ist, daß es nur mehr reiner Stoff zu sein scheint, vergleichbar einem zerschmetterten Topf oder einem zerrissenen Blatt Papier, wo sich niemand je die Mühe machen wird, es wieder zusammenzusetzen. So jedenfalls denkt es sich der gesunde Menschenverstand. Es ist jedoch unmöglich, einigermaßen sicher den Grad von Zerstörtheit und Kleinteiligkeit anzugeben, an dem das menschliche Interesse endgültig erlahmt. Wachsende Archäologenmassen, unzählbar wie der Sand, zu dem diese Ruinen wieder geworden sind, machen eine intensive «Beackerung» dieses reste-

Abfall der Vergangenheit
versus Müll unseres Alltags:
Portobello Street in London.

reichen Bodens möglich, wenn nicht sogar obligatorisch – frühere Zeitalter hatten dafür weder Sinn noch Zeit.

Gewöhnlicher Abfall, wie er sich an bestimmten Punkten ansammelt, die weder Stadt noch Land sind, oder auch in Straßen, wenn die Müllwerker streiken, ist formal ähnlich, ruft aber entschieden weniger Vergnügen hervor als der hygienischere Rückstand klassischer Stätten. Verändert nur das Vorurteil eine solche Wertschätzung? Läßt sich hier nicht die gleiche Degradierung, nur in einer anderen Geschwindigkeit, beobachten? Nun ist allerdings beim üblichen Kunstgenuß der Geruchssinn durchaus kein willkommener Begleiter. Es kann kein Augenblick besonderer geistiger Erfahrung sein, wenn sich Gerüche aufspüren lassen, denken die Leute; selbst Weihrauch war – zumindest im Abendland – immer eine fragwürdige Untermalung religiöser Zeremonien. Die indische Vorliebe dafür gleicht einem Anflug von Zersetzung und einem Zeichen der Verwirrung zwischen hohen und niederen Geisteszuständen, die sich auf eine gestaltlose Einheit zubewegen.

117

Vielleicht aber könnte man sich antiker Größe nähern, wenn man beim Abfall strengere formale Gesetze zugrunde legte, zum Beispiel Abfall in Sorten? Sucht man aber, um solch würdigerer Eindrücke willen, etwa ein Fernsehgeräte-Endlager auf, dann hängt der Erfolg ganz davon ab, ob man vergessen kann, was Fernsehgeräte sind, und ausschließlich die Würde in dieser Kaskade der Auflösung bemerkt. Im wesentlichen nämlich ist es unsere Ignoranz, nicht unsere Kenntnis, die uns beim Anblick griechischer Überreste erregt. Nicht anders als bei den bewegendsten griechischen Skulpturen, die heute nur mehr ein Schatten ihres alten Selbst sind, wirken auch die besten klassischen Stätten heute als Architektur ohne Schöpfer; die Rollen haben sich verkehrt, und die Landschaft hat wieder ihre Herrschaft über die Gebäude geltend gemacht.

Diese Orte sind bedeutsam, nicht weil sie uns helfen, eine vergangene Kultur zu rekonstruieren, sondern indem sie uns versichern, daß es immer etwas Größeres als Kultur geben wird. Ohne die menschliche Kultur wirklich hinter sich zu lassen, zeigen sie uns, daß sie, die uns Fesseln auferlegt und uns fasziniert, doch nicht alles in der Welt ist: Man kann das Menschenmögliche überschreiten, einfach dadurch, daß man der Kunst über den Abgrund in die Auflösung hinein folgt.

Füsslis Zeichnung *Artist Moved by the Grandeur of Ancient Ruins* zeigt eine Figur im Zustande äußerster Niedergeschlagenheit, die vor den sie umgebenden Teilen eines antiken Kolosses regelrecht zusammenschnurrt. Andererseits sind diese Teile zwar größer und demgemäß viel stärker, sie erweisen sich aber in ihrer Zerstückelung als gleichermaßen kraftlos. Die Vergangenheit wird als eine Figur oder ein Wesen begriffen, welches jetzt aufs Abstrakte und Monströse reduziert ist. Der Künstler hat teil an dem Zusammenbruch und doch wieder nicht: seine Positur nimmt die kaskadierende Form auf, wie sie bei vielen Szenen des Verfalls üblich ist. Doch trotz aller Solidarität mit dem gefallenen Giganten bleibt er für sich, weder begraben noch assimiliert. Er gibt sich einem Anfall von Melancholie hin, aber dieser wird vorübergehen.

Dieses Bild ist eine deutliche Darstellung des Zerfalls als eines Seelenzustands. Wenn der Künstler auch kleiner ist, beherrschen doch seine Gefühle die Szene. Selbst Rom wird klein angesichts der Intensität unserer Projektionen auf diese Stadt: Jeder fühlt, wenn er mit der Auslöschung der oberirdischen Spuren seiner Erinnerung konfrontiert wird, heimlich einen ganz *persönlichen* Verlust. Wird ein Ort beseitigt, der für uns Kindheitserfahrungen barg (weil man dort irgend etwas anderes oder vielleicht auch gar nichts errichten will), so wandern unsere Gedanken keineswegs zuerst zu denjenigen, die dort zuletzt lebten, unseren Nachfolgern, sondern vielmehr zu unseren eigenen Eindrücken und Erinnerungen – ein Buch, das nun brüsk geschlossen wurde. In Füsslis Bild verleiht der kleine Stimmungsknoten des Bewußtseins dem Ganzen Gewicht und erschafft ein Subjekt, wo sonst keines wäre.

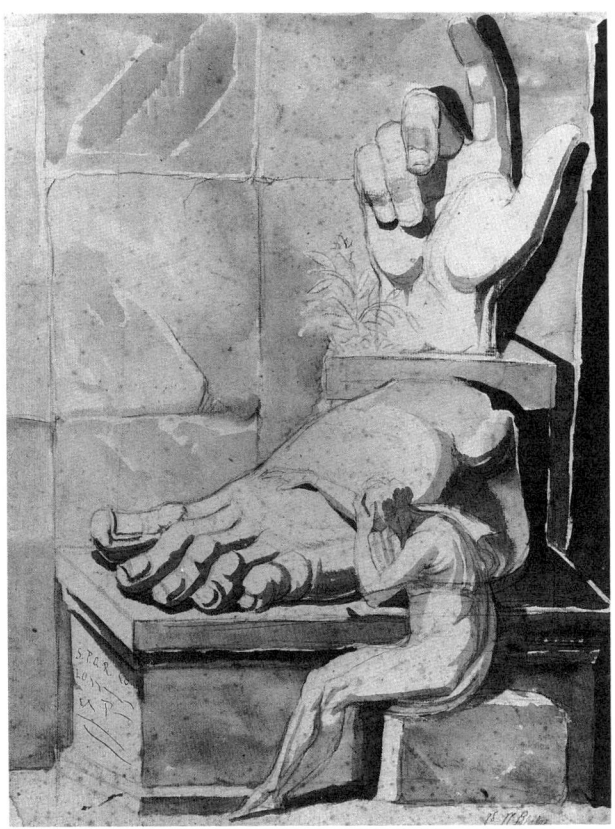

Artist Moved by the Grandeur of Ancient Ruins,
von Johann Heinrich Füssli, Zeichnung. Die abgebildeten Fragmente
stammen von der Kolossalstatue Konstantins.

Wenn wir zu einem Ferienlager zurückkehren, das in der Zwischenzeit eingeebnet wurde und nun wieder zu Wald wird, fühlen wir uns betrogen. An irgendeinem uns nicht bekannten Punkt der Zwischenzeit wurde diese Erinnerungsstätte, die einen festen Platz in unserem Privatmuseum besaß – wir erinnern uns vor allem an die seltsamen, ausländisch aussehenden Wandmalereien in der Vortragshalle –, entwurzelt und in der Luft hängen gelassen wie ein Stück architektonischen Ornaments, dessen hölzernes Stützwerk verrottet ist, so daß es schließlich abstürzen muß. Unsere Erinnerung kommt hoffnungslos zu spät, wenn wir den Schock spüren.

Selbst unsere lebendigsten Erinnerungen sind ruinenhaft, sie bewahren nur Teile, aber – nach einer Logik, die so unergründlich ist wie die Einwirkung des Wetters auf Gebäude – nicht die gesamte funktionsfähige Konstruktion.

Häufig glauben wir, wir könnten uns das ursprüngliche Ganze viel besser vorstellen, wenn wir nur an seinen Standort zurückkehrten. Doch je weiter entfernt in Raum und Zeit dieser Ort ist, um so wahrscheinlicher ist es, daß er ein anderer geworden ist.

Vielleicht bezeichnen solche Veränderungen genau das Gegenteil von Ruine und Verfall. Wie könnte man sich niedersetzen und die Großartigkeit der eigenen Vergangenheit beweinen, wenn dort nichts mehr ist? Einer der bedeutendsten Gegenstände in meiner Kindheit war eine Mauer, die ich erst überklettern konnte, als ich größer war. Sie blockierte das Ende der Straße und verlief dort in beide Richtungen, soweit das Auge reichte. Dahinter erstreckte sich ein Reich, das aufregender war als alles andere Erreichbare, ein verlassenes Anwesen, wo es überwachsene Statuen und verwilderte Gewächshäuser gab, unterirdische Wege und Schuppen voller Blumentöpfe. Kühner geworden, konnte man halbverschwundenen Pfaden folgen und zum Haus hingelangen, das im Zentrum des Labyrinths lag; aber nur in einem von drei Fällen kam man dort an.

Das Beste aber fand außerhalb der Mauer statt: Während der Wochentage schlichen wir dort herum und planten unsere Wochenendfeldzüge. Draußen verließ uns die Unsicherheit nie, was es drinnen geben mochte, auch dann noch, als wir schon viele Male dort eingedrungen waren. Heute ist Thornwald – so der Name des Anwesens – ein öffentlicher Park, und das Haus dient als Altenheim. Vor zehn Jahren wurde die Mauer niedergelegt, weil sie im Widerspruch zur neuen Offenheit und Zugänglichkeit stand. Außerdem war sie gefährlich, und man befürchtete, daß sie die Stadt in Zivilprozesse verwickeln würde (etwas, worüber der abwesende Eigentümer früher nie nachgedacht hatte).

Heute kann man von dem Haus, das früher das unsere war, direkt hineinsehen: Bäume, deren Wipfel vormals über die Mauer lugten, sind nun in ganzer Größe sichtbar. Das unbestandene Oval vor dem Gehölz – früher ein verbotener Raum, weil man dort am leichtesten vom Hausmeister erwischt werden konnte – glotzt einen verständnis- und formlos an. Heute kann man den Fahrweg auf dem Gelände benutzen, man passiert Tore, die früher stets verschlossen waren, und braucht sich nicht länger im Unterholz zu verstecken. Heute weiß ich genau, wie die verschiedenen topographischen Merkmale dieser Strecke zusammenhängen, die früher wie Monstren in einem Alptraum auf mich wirkten, weil sie plötzlich und drohend dann auftauchten, wenn ich sie am wenigsten erwartete. Denn nie fühlte ich mich sicher genug, um einfach nur in aller Ruhe den Pfad entlangzugehen, immer mußte ich eine komplizierte Route ersinnen, die mich vor den Blicken des Personals verbergen sollte und doch unweigerlich dazu führte, daß ich selbst in Verwirrung geriet.

Die Stadt ist stolz darauf, daß sie das *Sadler Estate* vor der völligen Verwahrlosung bewahrt hat; tatsächlich sieht man manchmal Leute hier spazierengehen, obschon der Ort viel zu weit von der Stadt abgelegen ist, um sich wirklich als Park zu eignen. In der Wiederherstellung ist Thornwald nun erst eigentlich zur Ruine *geworden*, und zwar nicht zu einer inspirierenden, sondern zu einer niederdrückenden: es hat seine Geschichte und seine bestimmte Umgrenzung verloren. Doch jetzt, wo der alte, gleichgültige Eigentümer tot ist, fiele es schwer zu erklären, wofür dieser große umschlossene Raum eigentlich aufgespart werden sollte.

Für eine ganze Generation von Kindern war es ein Privattheater, oder eine Psychomachie, wo sie den Kampf zwischen der Natur und einer verschwundenen Menschheit imaginierten. Sie betraten, obwohl selber jung, eine alte Welt, deren Schöpfer nicht mehr existierten; sie sahen, wie deren Arbeit ihre Form verlor – und so wurden die Schuppen mit den Blumentöpfen zu Tempeln fremdartiger Kulte, und Weinkeller verwandelten sich in Begräbnisstätten. Jede Geschichte, von der sie nur gehört hatten, war denkbar für die unbestimmbaren Gebäude und Dinge, die dieses Waldland durchzogen; und nie wußte man ganz genau, ob die einprägsamsten und auffälligsten Formen nicht am Ende doch reiner Zufall waren. Einer der ältesten Kindheitsträume war hier wahr geworden: eine Welt, ausschließlich für Kinder geschaffen oder ihnen allein überlassen, aus der die langweiligen Erwachsenen, die diese Welt einmal bewohnt hatten, längst verschwunden waren.

In den fünfziger und sechziger Jahren gab es in Amerika und Europa das Schlagwort der «Stadterneuerung», wohinter sich der Abriß alter Stadtviertel verbarg. Tat man dies im größtmöglichen Maßstab, wie in St. Louis, so blieb eine seltsame Zone zwischen dem Geschäftsviertel und den ersten Wohnvierteln zurück, bestehend aus Schnellstraßen und hohem Gras. In St. Louis ließ sich die Menge des Beseitigten leicht abschätzen, weil die Straßen hier numeriert waren und nun etwa fünfzehn Straßen einfach fehlten. Vielleicht kommt schon bald die Zeit, wo man die verschwundenen Stadtviertel archäologisch rekonstruiert. Dann wird der Verzicht, auf den die Zerstörung folgte, fast unbegreiflich erscheinen, nicht anders, als wenn ganze Jahrzehnte eines Jahrhunderts einfach fehlten.

Zu jedem gegebenen Zeitpunkt gibt es blinde Stellen in der Geschichte, d. h. Stücke von Vergangenheit, die für uns gesichtslos sind bis zur Unbestimmbarkeit und deshalb, für uns, nach gar nichts aussehen. Die fünfziger Jahre tauchen zur Zeit gerade aus diesem Nichtvorhandensein wieder auf; doch zweifellos sind auch in den letzten zehn Jahren wesentliche Zeugnisse der fünfziger Jahre verschwunden, ohne daß dies jemand sonderlich aufgefallen wäre. Noch gibt es ziemlich verborgen und recht unscheinbar ein paar Überreste des *Festival of Britain* im *Battersea Park*, die vielleicht deshalb so gut geschützt sind, weil sie nach nicht viel aussehen: eine Serie flacher Wasserbecken, umstanden von Fahnenmasten und eingerahmt von Aussichtspavillons, die wie Autobuswartehäuschen wirken.

In der Nähe ist viel Betrieb, während dieser Ort verlassen ist; es scheint, als wäre alles schon lange, lange her. Ein Ort wie Pompeji. Es ist schwer, sich darauf zu besinnen, wie wenig Zeit erst vergangen ist, seit dies der letzte Schrei war; so bröckelig sind nun die Betonkanten, und so fleckig ist die hellblaue Farbe, die einst den Eindruck einer frischen Meeresbrise hervorrief. Schmerzlich ist es hier wahrzunehmen, wie schnell die Moderne irrelevant wurde, die jetzt nur noch dank dem Desinteresse derjenigen überlebt, die in einem anderen Zeitalter leben. Man findet die Relikte in Battersea ganz lustig, macht sich aber dabei nicht klar, daß man hier seine eigene, nun so ferne Kindheit vor Augen hat – eine historische Tatsache am Rande ihres Verlöschens.

Die Gemälde Caspar David Friedrichs sprechen eindrucksvoller als andere von der Einsamkeit dessen, dem sich seine Geschichte mit atemberaubender Geschwindigkeit entzieht. Dies war zu seiner Zeit eine ganz neue Erfahrung. Seine Leere ist aufgeladen, sie wird nicht gleichgültig akzeptiert; sie ist eine bestürzende Entdeckung. Vielleicht lag sie einfach so herum, und dann kam der Maler und verkündete sein: «Es ist vorbei» – die Welt ist nicht länger bewohnt, ihr gestaltgebender Geist ist entflohn.

Wenn Friedrich eine Ruine malt, läßt er zuvor im Geist eine Bombe explodieren: Mensch und Natur, beide bleiben beschädigt zurück. Grabsteine und Figuren sind in Unordnung, jede Ecke ist so schroff, als sei das Gespräch der Welt mitten im Satz abgebrochen. Hier herrscht eine streng negative, doch zugleich klare Sicht auf die Ruine, als bestimmte jemand den Anteil der noch stehenden Gebäude und stellte für den Rest eine Quittung aus.

Er malt seine Motive im ersten Augenblick, nachdem das Leben entflohen ist; man spürt, daß diese Bäume, Hügel oder Hütten gerade noch belebt waren, es jetzt aber nicht mehr sind. Die Landschaft ist mit Abergläubischem versetzt, aber in so beiläufiger Weise, daß nur ein scharfsichtiger Betrachter dies erkennt. Friedrichs besondere Qualität besteht darin, daß er dem Aberglauben Respekt erweist, ohne an ihn zu glauben; daß er ihn als Tatsache anerkennt, ohne ihm zu verfallen. So ist er, nicht anders als die Ruinenliebhaber, ein früher Anthropologe, kein Glaubender und betrachtet das alles aus größter Reserve.

Friedrich steht am Beginn eines Prozesses, der noch längst nicht zu Ende ist. Wenn das Gefühl aufkommt, die Kultur liege in Ruinen, kann dies manchmal bedeuten, daß die sie bestimmenden Kräfte und Überzeugungen schwinden oder verlorengehen. Friedrichs Desillusionierung geht weiter; hier breitet sich dieser Prozeß bis in die Welt der Natur hinein aus. Der Mensch des 19. Jahrhunderts empfand Religion als Kunst und Zivilisation, als eine Art von Selbsttäuschung. Von dort aus bedurfte es nur mehr eines kleinen Schritts, um auch die physische Natur nur für einen Mechanismus zu halten, demgegenüber es kindisch wäre, von einem «Zuhausesein» zu sprechen. Auch das Zuhause war eine erfundene Idee, die selber nirgendwo zu Hause war, sondern völlig davon abhing, wo man sie hinstellte.

Caspar David Friedrich: *Abtei im Eichenwald* (Berlin).
Die Kirche, die Bäume, die Menschheit –
alles liegt in Ruinen.

Die Geologen betrachteten die Welt weiterhin als Ruine, auch als sie nicht mehr glaubten, sie sei früher ein einziges kohärentes Gefüge gewesen. Das war die Wunschmetaphorik von einst, ein Kinderspielzeug, das sie auch als Erwachsene nur ungern völlig aus der Hand legten. Friedrich führt sehr früh Religion als einen Satz von Metaphern aus der Natur vor; bei ihm sind alle Hoffnungen der Menschheit in Landschaft begraben. Er malt Szenen der Verödung, die vielen wie harmonische Räume erscheinen und wenige durch ihre Leere alarmieren: die metaphysischen Bedürfnisse sind heute seltener und geringer, als sie dies einst waren.

Friedrichs Bäume wurden vom Alter oder von Unwettern gekappt. Das ist eine natürliche Form von Unglück, jedoch ergänzt man auch hier, nicht anders als bei bewußt zugeschnittenen Bäumen, im Geist die fehlenden Teile. Bäume ohne Krone haben manchmal eine unbeabsichtigte pittoreske Wirkung: sie repräsentieren, wenn auch unzureichend, eine architektonische Idee. Wenn aber ein Architekt solche Bäume nachbaut, wirken sie natürlich und widerspenstig. Gaudís schräge Säulen im *Parc Guell*, die in einem zerklüfteten Dach

123

Geologische Ruinen
der schottischen Bergwelt:
Stac Polly, Sutherland.

verschwinden, stellen das Problem von der anderen Seite her; fast könnten wir vergessen, daß sie das Werk eines Architekten sind. Ohne ihn wäre es nur eine Abwechslung, mit ihm ist es eine komplizierte Abstufung, beginnend mit einem obskuren Ruheplatz unter dieser Reihe von Säulenbäumen, die in ein Dach hineinwachsen, das sich neigt, um eine Wand zu bilden, die, kurz bevor sie in der Nähe der Säulen den Erdboden erreicht, einen Vorsprung aufwirft, den wir als Bank benutzen, um durch die Säulen auf die Grünfläche hinauszuschauen.

Gaudí hat die Grundelemente der Architektur zu einer Kontinuität verkettet; damit scheinen diese auf abnorme Weise in der Welt zu Hause zu sein. Architektur, die wieder von der Natur absorbiert wird, Bäume, die zu Säulen heranwachsen – Absichtlichkeit verliert sich im Instinkt, die Welt ist wieder unzerteilt, und der Status der Ruine scheint zumindest auf Zeit unmöglich: In der Natur unterstützt alles, was selbst nicht länger wachsen kann, das Wachstum. Im übrigen zeigt dieses außergewöhnliche Bauwerk auch nicht den geringsten Mangel an Lebendigkeit. Obschon es sich lediglich um verschiedene Sorten von Mauerwerk handelt, denken wir abwechselnd an zerrissene Borke, dann wieder an eine Decke aus Blattwerk und mal an rissige Erde, an eine alte, ausgetrocknete Haut. Das Kunstwerk ist in Wandlung begriffen, es ist ein Zeichen für Vitalität. Es ist so konzipiert, daß es Leben aussagt, nicht Tod.

Und doch erinnert es an Versteinerungen, an Baumstümpfe, die sich in Kohle verwandelt haben, Relikte einer früheren Gestalt in einem jüngeren Material. Diese Gestalt zeigt die abgebrochenen Ecken und die unzähligen Risse der Oberfläche, die Ruinen von noch benutzten Bauten unterscheiden und die auch häufig den Unterschied zwischen Alter und Krankheit und Jugend und Gesundheit markieren. So sehen *betagte* Olivenbäume für diejenigen, die pittoreske Eindrücke suchen, interessanter aus als junge, dasselbe gilt für Berge im sichtbaren Stadium des Verfalls; sie erzählen mehr als baumbestandene Hügel.

Auf manchen der beliebtesten Berge in England kann einen plötzlich das Gefühl überkommen, hier läge eine Welt in Trümmern; die Sturzbäche von Geröll erscheinen wie weite Straßen. Die Unregelmäßigkeit dieser Berge, so komplex und faszinierend sie ist, erklärt jedoch nicht, warum sie uns so berühren und uns beinahe zwingen, sie irgendwie zu entziffern. Wollen wir sie etwa rekonstruieren, wollen wir in der Vorstellung alle abgebröckelten Teile ersetzen und damit ihre Verfallsgeschichte aufheben oder doch neu erfahren? Das wäre jedoch eine hoffnungslose Vision; und wir lieben die Berge gewiß nicht dafür, daß sie uns schwermütig machen.

Berge sind die größten Bekundungen von Körperlichkeit auf der Erde. Wer sie ersteigt, empfindet stets einen gewissen Heroismus. Die Berge sind heroisch, und wir nehmen dieses Heroische auf und erkunden es. Beim Hinaufsteigen entfernen wir uns von allem Bekannten, bis schließlich unsere Identität vor der Gewalt dieser riesigen Wesen verstummt – Bergsteigen als Weg zur Unterwerfung des Selbst.

Ein beliebtes Verfahren, um mit der Fremdheit und Größe der Bergwelt auf vertrauterem Fuß umzugehen, besteht darin, daß man markante Stellen mit Namen versieht, als handele es sich um Überreste einer zerstörten Vorwelt von Riesen und Helden. *Ossians Höhle* in Glencoe ist eine entlegene, monethafte Impression einer Höhle, eine undeutlich sichtbare, vaginale Öffnung ohne Boden, und das im wagnerianischen Maßstab. Um die starke Wirkung zu erzeugen, die man im Tal unten empfindet, muß die Öffnung im Felsen mindestens dreißig Meter hoch sein. Wir könnten auf die Idee kommen, der alte Boden der Welt habe sich hochgebeult und läge nun außerhalb unserer Reichweite, dabei seien neue Niederungen entstanden, die wir nun bewohnten.

Am anderen Ende der geologischen Skala finden wir sumpfige Ebenen oder Marschland. Betrachten wir Cliffe in der Grafschaft Kent, so fühlen wir uns in die Schlußszenen von Dickens' Roman *Große Erwartungen* hineinversetzt. Aus solch einer verfallenen Landschaft kam der Sträfling, und in sie geht er jetzt wieder ein; ein Ort der Wandlung, wo, während ein Leben (oder ein Gelände) bis zur Unkenntlichkeit zerstört wird, sich zugleich ein anderes aus dem Urschleim erhebt, den die Verwesung fruchtbar macht. Große Flüsse wirken im Mündungsbereich düster, weil alle Elemente ihre Energie zu verlieren scheinen. Die Erde wird flacher, der Fluß fließt langsamer, der Himmel wirkt leerer. Daß Gebäude und Menschen hier weniger zahlreich sind, hat simple Gründe; für uns aber sieht es so aus, als wirke ein Fluch. Wie die Gipfel der Berge sehen auch Marschen nach einem Land aus, das auf dem Weg ist, zu etwas anderem zu werden. Bis zu einem bestimmten Punkt (dem, wo Stiefel nicht mehr ausreichen und man ein Boot braucht) gefällt uns diese Desintegration der Landschaft, fasziniert uns diese Umkehrung der normalen Perspektive: Wie bei einer ruinösen Mauer genießen wir, was uns sonst ängstigt: Instabilität, Unsicherheit.

Bemerkenswertes läßt sich erzielen, wenn man alte Gebäudeteile in neueren Bauwerken verwendet, genauso als ob man pulverisierte Bestandteile höheren Geländes verwendet, um in tieferen Landstrichen neue Landschaften zu schaffen. *San Salvatore* in Spoleto wirkt in manchen beeindruckenden Details wie das Resultat eines architektonischen Bergrutsches. Wie so häufig in Italien, wurden auch hier antike Überreste geplündert, um als reiche Verzierung eines ungeschlachten christlichen Baus Verwendung zu finden. Kannelierte Säulen sind dafür besonders beliebt; hier aber passen die Säulen aus ganz verschiedenen antiken Bauwerken nicht so recht zueinander.

Andernorts macht man es besser, indem man glatte und kannelierte oder dicke und dünne Säulen miteinander abwechseln läßt, als sei von Anfang an ein Rhythmus, nicht aber eine Ganzheitlichkeit beabsichtigt gewesen. Aber in San Salvatore wird durch den Wunsch, die alten Fundstücke wieder aufleben zu lassen, das Ganze zutiefst verletzt: aufmückig erscheinen die Stücke eines Simses mit Pflanzenornament über der Augenhöhe und verschwinden wieder, sie stoßen auf andere Stücke von anderem Maßstab und enden plötzlich, weil man nicht genug Überreste fand, sie liegen auf einem verwitterten Kapitell oder auf anderen Gesimsresten auf, die so reich ornamentiert waren, daß man ihnen jetzt die Funktion des Kapitells aufzwingt. Alle Säulen reichen bis zur gleichen Höhe. Weil sie aber von unterschiedlicher Länge waren, reichen einige nicht bis zum Boden. Man verlängerte sie auf verschiedene Weise – durch größere Basen, durch die Anstückelung von Teilen anderer Säulen, ja sogar von Gesimsteilen, die ihre großen abgebröckelten Zähne behalten.

Die Mauern oberhalb der Arkade zeigen, daß es nicht an Bausteinen mangelte. Es wäre also ein leichtes gewesen, die Lücken in dieser Sammlung

Reste der antiken Vergangenheit,
verbaut in ein mittelalterliches Gebäude:
San Salvatore, Spoleto.

architektonischer Raritäten mit unauffälligen glatten Wandteilen auszufüllen. Daß dies nicht geschah, zeigt eine geradezu fanatische Konsequenz, deren Ergebnis jetzt allerdings voller Inkonsequenzen ist – als habe jemand über der Suche nach dem Verlorenen alles andere und wichtigere vergessen.

Moderne Besucher betrachten das mit Augen, die an Piranesi geschult sind, doch der Geist, der hier am Werke war, beabsichtigte eher das Gegenteil als solcherart Liebhaberei. Hier wurde nicht kunstvoll Unordnung arrangiert, sondern hier ging es um die Bergung von wahren Schätzen. Man gab sein Bestes. Daß diese Überreste nun schäbig wirken und improvisiert, ist für den, der's tat, Grund zum Verdruß, keineswegs zur Freude.

Das Problem klärt sich vielleicht in Bevagna, am Portal einer romanischen Kirche. Es ist aus einem klassischen Gesims gearbeitet, das einfach um 90 Grad gedreht wurde, so daß der sonst horizontal vorspringende Balken hier zur vertikalen Begrenzung wird, die von der Tür weg in immer größer werdenden Wellen ausläuft, wie eben jedes andere romanische Portal auch. Vielleicht hatte der Erfinder an dieser Verkehrung des ursprünglichen Zwecks seinen Spaß, vermutlich aber nicht. Er dürfte sich eher erniedrigt gefühlt haben, daß seine Vorfahren vor so langer Zeit selbst an weniger prominenten Details

Die Urnenwand
des *Palazzo Bucelli*
in Montepulciano.

sich als bessere Steinmetzen erwiesen hatten als er, der nicht hoffen konnte, es ihnen am bedeutsamsten Teil seines Gebäudes gleichzutun.

Wenn Piranesi Fragmente sammelt, badet er im Reichtum; der Steinmetz der Romanischen Epoche dagegen empfindet, wenn er kleine Vögel hinzufügt und Verbindungsstücke, um das geborgene Stück Altertum einzubetten, einen Mangel: Die Zeit für Vollkommenheit ist vergangen, unsere eigene Welt ist genauso verfallen wie jene Gebäude.

Selbstverständlich existieren Beispiele, wo ältere Fragmente in spätere Mauern so zufällig eingebunden sind wie Fliegen in Bernstein, als hätten sich die Teile von selbst eingefunden und wären eingemauert worden. Oder aber sie wurden ganz ohne Ehrgeiz gesammelt und behalten; vielleicht würde irgend jemand sie schon einmal brauchen können. Vielleicht aber war es Trägheit, und man wollte sich einfach ersparen, neue Steine zu behauen.

Trägheit aber kann kaum der Grund gewesen sein für einen der bizarrsten Reliquienschreine dieser Art; doch wer kann sagen, was sonst? An der Hauptstraße von Montepulciano, die selbst fast ein Rustika-Museum zu nennen ist, befindet sich der *Palazzo Buccelli*, der bis zur Schulterhöhe mit einer Sammlung etruskischer Begräbnisurnen verkleidet ist, die wie gigantische Ziegelsteine in Reihen gepackt wurden. Eigentlich ist dies nur Fassade – die vorderen Wände dieser kleinen Behältnisse wurden abgetrennt, zusammengefügt und täuschen nun so etwas wie eine Begräbnisstätte vor. Ist dies nun ehrfurchtsvoll oder pietätslos gemeint, ist es ein exzentrisches Eingeständnis, daß wir *auf* und sogar *aus* den Gebeinen vergangener Kulturen bauen, oder ist es nur herzloses Plündern, das Reliquien von einst zu Nippes verarbeitet? Die Rustika, Zeichen für eine frühere und rohere kulturelle Epoche, wird hier finster und materialistisch mit den Überresten einer vergangenen Generation identifiziert.

In den meisten Fällen fehlt der Deckel der Urnen. Diese zeigen in der Regel eine kleine Figur des Verstorbenen, liegend, mit aufgestütztem Ellbogen, meist schmerzerregend zusammengepreßt, denn der Kopf ist zu groß für den Körper, der Rumpf zu groß für die Beine, als habe ein unterschwelliger Wunsch bestanden, den Verstorbenen lebensgroß abzubilden, ohne daß dafür genügender Raum zur Verfügung gestanden hätte. Die etruskische Imagination scheint sich niemals mit dem Übergang von der Erd- zur Feuerbestattung abgefunden zu haben, die die Römer ins Land brachten. Die Urnenwand in Montepulciano ist eine noch weitergehende *reductio* – die Asche der Verstorbenen und die Deckel der Urnen wurden entfernt, die übrigbleibenden Frontseiten zu einem erbarmungslos dichten Mosaik zusammengefügt.

Dichtgedrängt sitzen sie, die verfallenen Überbleibsel, wie eine Theatergemeinde, die nun dem Leben in einer Straße zuschaut: das wirkt zwar wie eine Versinnlichung von Geschichte, bleibt aber zutiefst unnatürlich. Manchem mag das alles als typisch italienisches Durcheinander erscheinen – private Meditation wird hier zur theatralischen Zurschaustellung –, aber immerhin behauptet eine Theorie, das erste Theater sei die Straße gewesen. Damit ist nicht gemeint, daß zuallererst im Straßenbereich Umzüge und Mysterienspiele stattgefunden hätten oder daß die Kulissen der römischen Komödie eine Straße darstellten, sondern daß die Straße der Ort ist, wo das Zusammenleben der Menschen dramatisch wird. Das Amphitheater von Arles wurde mit Häusern angefüllt, weil die Menschen irgendwo wohnen mußten und nicht, weil sie sich zur Schau stellen oder gar einer Theorie vom Leben als einem fortgesetzten Schauspiel folgen wollten. Trotzdem blieb einiges von dem alten Gefühl für das Theater diesem Ort verhaftet. Es handelte sich noch immer um eine wenn auch ihrer Bestimmung beraubte Arena und zugleich um eine primitive (jedoch negative, weil *ausgefüllte*) Version eines städtischen Platzes.

Das Amphitheater in Lucca war früher mehr ins Gewebe der Stadt verstrickt als heute. Im 19. Jahrhundert (eine an der Mauer angebrachte Gedenktafel teilt uns den genauen Zeitpunkt mit und den Namen dessen, der die Umbaumaßnahmen veranlaßte) hat man zwar die meisten Wohnungen, die sich in

129

Die *Piazza del Anfiteatro* in Lucca
bewahrt die Form des
einstigen römischen Amphitheaters.

den dicken Mauern eingenistet hatten, belassen, zugleich aber das Rund des
Theaterinnenraums freigemacht und alles beseitigt, was den zentralen Platz
einengte. Heute nehmen deshalb die Einwohner die Rolle der antiken Zuschau-
erschaft ein. Das magere Schauspiel wird von den umherlaufenden Touristen
und den herumstehenden Autos der Bewohner bestritten. Wieder der Eindruck,
als lebe man in einer Welt, die einst dichter bevölkert war. Das Amphitheater
liegt wie eh und je am Stadtrand von Lucca. Dieser große Platz ist ein ganz
und gar überflüssiges Schaustück, er erscheint wie ein Freilichtmuseum der
Römerzeit, welches vorgibt, immer noch ein lebendiger Bestandteil der wirklichen Stadt zu sein.

   Unter allen Ruinenplätzen vermittelt Pompeji den stärksten Eindruck von
Abwesenheit, es scheint voll von Geistern der Verstorbenen. Das liegt wohl

Eine Straße in Pompeji,
der vergessenen Stadt,
die erst später wieder zu Tage trat.

daran, daß hier so vieles noch steht, daß ganze Straßenzüge von römischen Gebäuden sich in die Weite erstrecken. Naturgemäß fehlen die Dächer, die unter dem Gewicht der Asche zusammenbrachen. Wäre Pompeji anderswo zu anderer Zeit entdeckt worden, hätte man diese womöglich ergänzt: man vergißt nur zu schnell, daß Pompeji verlorenging und wiederentdeckt werden mußte. Diese natürlichste, weil vollständigste aller Ruinenstädte wirkt wie ein Leichnam, der oberhalb der Erde zur Schau steht, was nur durch eine glückliche Katastrophe möglich wurde.

Dieses Naturverhängnis bewirkte, daß ganze Jahrhunderte von Geschichte hier zu nichts zusammenschnurren. Pompeji ist, was es ist, weil hier die Jahrhunderte der Zwischenzeit nicht stattgefunden haben, weil es sich um ein Relikt ohne Geschichte handelt. Pompeji ist deshalb so einzigartig, weil es uns

131

dank einem unhistorischen Trick der Natur nicht wie eine Ruinenstadt, sondern wie ein Zeitgenosse erscheint.

Die ausgedehnteste aller Ruinenstädte verfiel niemals völlig zu Ruinen, weil nach dem Zusammenbruch der Dächer sich diese und die Asche wie ein schützendes Tuch über alles breiteten, wodurch selbst die trivialsten Gegenstände, ja sogar manche der Leichen der Einwohner bis zu unserer Ankunft an ihrem Ort aufbewahrt wurden. Pompeji brach auch nicht wie eine Naturkatastrophe herein, wie dies viele andere Ruinen taten, wenn sie sich – gleichsam als geschichts- und altertumswissenschaftliches Erdbeben – durch spätere Bebauung hindurcharbeiteten. Das beste Beispiel dafür ist das Amphitheater von Lecce, das bei seinem Weg an die Oberfläche den Hauptplatz des Ortes verödete – ein Extremfall, wo Ruinen zur Ursache von Verwüstung wurden, ja zur Ursache von völliger Zerstörung für das, was sich im Zentrum der Explosion befand. Ruinen können wie ein Schadenzauber wirken, der zur Unfruchtbarkeit verdammt: Wir bestehen pietätvoll darauf, daß auf ewig an Ort und Stelle bleibt, was die Erde als unverdaulich ausspie: Man stelle sich vor, man hätte die Verwüstungen Londons durch die Bombenangriffe im Zweiten Weltkrieg für unverletzlich und bewahrenswert angesehen, und nun gingen wir auf immerdar gedankenvoll an verödeten Häusern vorbei und verschüttete Straßen entlang.

Coda: Industrie-Ruinen

Suchen wir in der realen Welt Erlebnisse, die denen Piranesis entsprechen, suchen wir Ruinen, die mit uns zeitgenössisch sind oder uns doch wenigstens der Zeit nach nahestehen, müssen wir uns zu den aufgegebenen Bauwerken der Industrie begeben. Lebte Piranesi heute, wäre eine Fahrt mit der *Amtrak* von New York nach Philadelphia sicherlich eine seiner beliebtesten Freizeitunternehmungen, und er würde im Zug immer auf der linken Seite sitzen wollen. Nach den Sümpfen, mit denen New Jersey beginnt, die von monströsen Zumutungen wie etwa dem *Pulaski Skyway* durchzogen werden, einer erdgebundenen erhöhten Schnellstraße aus schmutzigem Metall, nach dieser wüsten Landschaft voller Reiher und voller Altlasten unklarer Herkunft, zeigt sich eine alarmierende Serie von stillgelegten Fabrikgebäuden, die völlig leer sind, abgesehen von den Wachmännern, deren Autos von Zeit zu Zeit auftauchen und jetzt die einzigen frischen und hellen Töne in Höfe bringen, die früher voller Aktivität waren. Davon sind nur Spuren geblieben; Dinge wurden zurückgelassen und ausgeschlachtet, andere führen auf falsche Spuren, weil sie erst später hier entsorgt wurden, noch andere wurden einfach fälschlich angeliefert und dann hier vergessen.

Auch wenn sie noch arbeiten, handelt es sich bei solchen Gebäuden um äußerst mitteilsame; erst recht, wenn die Inkontinenz des Alters Dinge nach außen treten läßt, die sich im Innern des Gebäudekörpers abspielen sollten. Aber ein bißchen von solcher Inkontinenz haben Fabriken immer. Auch wenn sie noch in Betrieb sind, wird das Rohmaterial, der Ausgangsstoff für den Produktionsprozeß, draußen zur Weiterverarbeitung gestapelt.

Es ist ein beschränkter Standpunkt, solche Gebäude einfach als Architektur zu betrachten. Ihr eigentlicher Beitrag besteht nämlich gerade darin, völlig unverschämt Antiarchitektur zu sein. Hier werden neue Teile angefügt, ohne jede Rückischt darauf, wie sie zu den bereits bestehenden passen, als habe der Architekt lediglich die Abmessungen übermittelt bekommen und habe den Ort selber weder vor, während noch nach der Errichtung des Baus jemals in Augenschein genommen.

Wer würde glauben, daß Absichtslosigkeit jemals so interessante Ergebnisse zeitigen könnte? Anders als bei den Arbeiten wirklicher Architekten werden diese Bauwerke mit allem, was danebengeht, mit jeder unangemessenen Änderung, immer nur besser. Hier sorgen Maßnahmen zur Kostensenkung für ein unterhaltsames Flickwerk, und in Eile zusammengestoppelte Vorrichtungen erweisen sich als ausdrucksstärker als architektonische Gestaltung.

Ruinen aus Altertum und Mittelalter bilden das Vergehen der Zeit lebendig ab, doch heute wirkt dieser Prozeß wie eingefroren. Indem wir sie bemerken, lösen wir sie aus dem reißenden Strom heraus. Industrieruinen dagegen besitzen eine Spezialität: Obwohl sie groß und machtvoll aussehen, ist uns ihre Verwundbarkeit bewußt. Niemand wird sie als Denkmal bewahren, und je eindrucksvoller sie als Ruinen werden, desto näher und gewisser kommt der Tag, an dem sie abgerissen werden. Andere Ruinen *sehen* nur *aus*, als seien sie dem Untergang geweiht, diese Anlagen und Fabriken *sind* es. Sie verändern sich von Monat zu Monat. Die abblätternde Farbe auf dem Schild, worauf einst der Firmenname stand und wo man jetzt ein Knäuel chinesischer Drachen vor Wolkenkulissen zu erkennen vermeint, beschert uns diesen Zufallseffekt, der genauso schnell verschwinden wird wie die Wolken am Himmel. Industrielle Ruinen sind anonym; niemand führt Besucher dorthin, denn es wäre purer Zufall, daß sie überhaupt noch stünden, wenn diese Besucher ankämen.

Wir schätzen solche Anlagen ob ihrer Brüche, Brüche, wie sie in keinem funktionierenden oder repräsentativen Gebäude geduldet würden, und die doch zum wirklichen Leben gehören. Vielleicht sind diese Brüche gerade deshalb so wirklich, weil sie ohne Willkür entstanden sind und damit den Menschen in seiner ganzen Winzigkeit zur Seite schieben. Zerbrochene oder zugemauerte Fenster, kaputte Belüftungsanlagen und leckgeschlagene Wassertanks, die auf Dächern gestrandet sind, sind Vorboten kommender Zerstörungen. Diese Häßlichkeit wird als schön wahrgenommen, sobald man diese Zeichen als Zeichen des nahenden Abbruchs versteht.

Man ertappt sich dabei, daß man eine grimmige alte Fabrikanlage bewundert, an der man noch vor kurzer Zeit schnell vorübergeeilt wäre. Das Untier hat nun keine Reißzähne mehr, einige seiner Glieder wurden bereits abgeschlagen, Tragbalken baumeln herum, Reste von Wänden grenzen nichts mehr ein und ab, der alte Kachelboden ist nun voll von parkenden Autos. Vielleicht befeuert gerade die Verständnislosigkeit gegenüber solchen Anlagen das gegenwärtige Interesse. Wenn sie arbeiten, bieten sie ein Bild der Hölle: Sie sind laut, dunkel, und es stinkt; immer drohen gewalttätige Ausbrüche, durch den rumpelnden Untergrund fühlt man die Entladung mechanischer Zerstörungen, man hört plötzliche Geräusche, als werde zum Angriff geblasen; Rauch wird wie in großem Zorn herausgeschleudert.

Bei keiner anderen Architektur ist die Diskrepanz unserer Gefühle so groß: Wir verabscheuen die in Tätigkeit befindliche Fabrik, von ihrer leblosen Schale sind wir fasziniert. Etwas von der Gewalttätigkeit, die die Fabrik früher ausstrahlte, wird sich jetzt gegen sie wenden; das Mammut ist vom Angreifer zum Opfer geworden, das unsere mitfühlende Sympathie gewinnt.

Alte Industriebauwerke sind fast ein Wortwiderspruch, wenn wir aber einmal eines entdecken, wie etwa das Arsenal von Pisa, ergreift es uns in einer speziellen Weise. Es wirkt so viel unwahrscheinlicher als ein richtiges Denkmal. Weil einige Gebäude für die Ewigkeit errichtet scheinen, diese nur für die Gegenwart, wirkt die Bewahrung eines Industriebauwerks, nicht anders als das Sammeln von ephemeren Lebens- und Kulturzeugnissen, wie eine Verkehrung der üblichen Pietät und damit vielleicht indirekt wie eine Unhöflichkeit dieser gegenüber. Das Arsenal ist kostbar, weil es für ein Bauwerk seiner Gattung ein ungewöhnlich hohes Alter erreichte. Es ist das aber wiederum auch nicht, denn ein derart simples und gesichtsloses Gebäude könnte genausogut auch ein Zweckbau des 19. Jahrhunderts sein.

Man muß nicht wissen, daß die Kathedrale von Pisa eine Kathedrale ist, um von ihr bezaubert zu sein; wüßten wir hingegen nicht, daß das Arsenal 450 Jahre alt ist, würden wir keinen zweiten Blick darauf verschwenden. Doch besitzt es viele Eigenschaften, die wir perverserweise an Zweckbauten zu schätzen gelernt haben: eine extreme Monotonie an Gestalt und Material. Geistlos wird ein und derselbe Bogen immerzu wiederholt, alles besteht aus gleichartigen Ziegelsteinen. Es gibt ungeschickte, unverkleidete Verbindungsstellen, die ein repräsentativer Bau zudecken oder unter Dekoration verbergen würde. Bei Industriebauten verleiht man nun solchen Merkmalen eine Bedeutung, die sie schlicht nicht haben. Man tut, als seien sie von Ledoux entworfen, als drücke ihre Schwerfälligkeit die Entfremdung des Menschen in einer indifferenten Welt aus, als wollten sie darauf hinweisen, daß das Leben hier kein Spaß sei.

Weil Industriebauten auf weite Strecken nichts zu sagen haben, behauptet man, sie seien absolut integer. Sobald Verschiedenheit sichtbar wird, muß eine Absicht dabei sein, weil Verschiedenheit nicht um ihrer selbst willen existieren könne. Üblicherweise weiß man nicht, was die welligen Aufwerfungen, auf einer Brauerei beispielsweise, bedeuten – diese Ausbauten, die wie kleine Häuser mit Giebeln wirken, die den Boden nicht erreichen. Wenn man nicht den Geruch von Hopfen wahrnimmt, merkt man nicht einmal, daß es sich um

Industrieruinen besitzen keine antike Würde.
Ihnen droht der Abriß:
New Brewery Yard, Burton.

eine Brauerei handelt, und macht sich eine kleine Geschichte vom Be- und Entladen zurecht, um nichtsnutzige Einzelmerkmale zu erklären, die so aussehen, als sollten sich an und mit ihnen Tätigkeiten vollziehen.

Der Anblick ungenutzter Rutschen oder leerer Laufkatzen ist ein größerer Ansporn für die Imagination, als wenn dort noch immer Kies herunterrutschte oder irgendwelche Arbeiter hin und her hasteten. Ungenutzte Wege machen jedermann zum Romancier, und das um so mehr, wenn es – wie hier – sicher ist, daß alle An- und Umbauten sich auf Notwendigkeiten zurückführen lassen, auf Verbesserungen und Umwandlungen.

Selten ist der Ästhet so leichtgläubig, als wenn er es mit dem nackten Faktum körperlicher Arbeit zu tun hat. Wie sehr er sich auch für die Konstruktion beispielsweise einer Ölbohrinsel im Ozean interessieren mag, er wird am Ende nicht verstehen, warum manche Teile blau, andere orange gestrichen sind, warum sich Röhren vor und nicht hinter anderen befinden, warum einige stark verschmutzt und andere, ganz nahe daneben, sauber sind. Der Anblick einer solchen Insel ist gerade deshalb so befriedigend, weil er nicht in Frage gestellt werden kann, weil alles aus dringenderen Gründen als um des schönen Aussehens willen so sein muß, wie es ist.

Eine bestimmte Art von modernen Gebäuden spielt mit dem Aberglauben, daß Mechanismen wahrhaftiger und unvermeidlicher seien als Kunstwerke. Komischerweise entstand dieser Stil ausgerechnet in England, nicht gerade dem Land, dem sich nachsagen ließe, daß die Maschinen hier wirklich zu Hause wären. Und es ist vielleicht auch wieder weniger überraschend, da die Gebäude von Richard Rogers eine geheimnisvoll pittoreske Sicht auf die Technologie verraten. So kann er sich seiner exzentrischen Vorliebe für das Verschiedenartige hingeben, ja er kann sich sogar regelwidrige Details leisten, denen sich aufgrund ihrer Rationalität nur schwer ein Fehler nachweisen läßt.

Das Unangemessenste an diesen wilderen High-Tech-Bauten ist, daß sie dazu tendieren, Museen statt Fabriken zu sein, und daß sie eher finanzielle oder kulturelle Institutionen darstellen als industrielle. Im wesentlichen sind es glänzende *Bilder* von Technologie, für Leute gemacht, die genügend freie Zeit haben, um sich dann und wann für Arbeit zu interessieren. Die Technologie ist zwar hoch, aber nicht fortgeschritten (obwohl es seltsam genug ist, daß man eine neue Weise sucht, Dinge zu tun, wofür es billigere, nur zu gut bekannte Alternativen gibt), dafür aber hervorragend. Sie ist sichtbarer als sonst, sie hat einen größeren Anteil am Ganzen. Als ob, Alptraum und Wunschtraum zugleich, das Leben von Technologie so konsumiert und so gelenkt werden könnte, daß nichts anderes mehr übrigbliebe.

Die Ideologie einer solchen Konstruktion, wie sie sich beim neuen Gebäude der Lloyds-Versicherung zeigt – das Zentrum eines Konzerns, dessen Organisation so mysteriös und in nicht zusammengehörige Teile aufgespalten ist wie diese seine Hülle –, heißt Transparenz und Offenheit. Das Innere wird als Äußeres präsentiert, Versorgungsstränge, die man normalerweise versteckt, werden betont und nach außen sichtbar gemacht.

Der Effekt – wenn auch nicht die Wahrheit – ist, daß die Wände wie abgeschält wirken, um, wie in anatomischen Darstellungen, das abschreckende Innere bloßzulegen, das der Organismus nur zu gern vergißt und als ein automatisches Funktionieren ansieht.

Rogers' Gebäude sind energiegeladen, als ob die an Grausamkeit grenzende Gewalttätigkeit des Bloßlegens und Wegschlagens sich bis in die Gegenwart und bis vor unsere Augen fortsetzte. Der Anblick ist empörender, als es je gesagt wurde; unsere Reaktion gleicht der eines Patienten, dem man mitteilt, daß er eine schreckliche Krankheit hat.

High-Tech-Gebäude sind staunenswerte, doch zugleich vollständig entfremdete Objekte, nicht anders, als dies auch für den eigenen Körper gilt, sobald man sich nur seine inneren Vorgänge bewußt macht oder gar hören muß, daß er Fremdkörper in der Gestalt von Tumoren oder Viren enthält. Obwohl sie von blankem Metall strotzen und mit widrig faden Farben protzen, obwohl sie neuer aussehen als irgend etwas sonst in der Nachbarschaft –

Richard Rogers' *Lloyds Building*, 1979–1986
demonstriert blitzblanken Verfall;
es läßt seine Eingeweide nach außen treten.

trotzdem sind sie Objekte im frühen Stadium der Auflösung. Sie sind die aufwendigsten Pseudoruinen, die je gebaut wurden, und deshalb ist es nicht verwunderlich, daß einem vor den anschaulichsten unter ihnen, den extremsten Werken von Richard Rogers, fast schlecht wird, so als würde man gezwungen, einem schweren chirurgischen Eingriff zuzuschauen.

Teilweise mögen sie Erfolg haben, weil ihre Aussage und ihre wirkliche Bedeutung, weil ihre Komponenten und ihr eigentliches Wesen, ganz unterschiedlich, ja diametral entgegengesetzt verstanden werden. Manche wollten darin die seelenlose, roboterisierte Hypermoderne erblicken, aber ihre eigentliche Kraft besteht wohl darin, daß sie Gebäude wiederum zu urtümlichen Kreaturen machen, zu monströsen Wesen, deren naheliegendstes Modell in der Geschichte wohl ein Stahlwerk in voller Tätigkeit ist, das leidenschaftlich tosend seine Nahrung, das Rohmaterial, verschlingt und gelegentlich rülpsend und röhrend der Natur seine Befriedigung zur Kenntnis gibt und rücksichtslos seinem vorbestimmten Lauf folgt.

Ein übermenschlicher Maßstab schüchtert den Anthropomorphismus nicht ein, sondern fordert ihn eher heraus. Die riesigen Schlote eines Hochofens (durch die hauptsächlich Gase, nicht Flüssigkeiten getrieben werden) ähneln

137

Brennöfen in Flaschenform aus Staffordshire.
Nachdem sie ihre Funktion erfüllt haben,
sind sie nun riesige surrealistische Skulpturen.

den Hauptarterien zwischen Herz und Lunge mehr als die schlichten Rohre auf den Mauern gewöhnlicher Häuser. Vielleicht kehren gerade die riesigsten Maßstäbe wieder zu organischen, nichtgeometrischen Formen der Zusammenfügung von Bestandteilen zurück.

Doch wie so häufig trifft auch das Gegenteil zu. Brennöfen in Flaschenform – heute überholte Relikte – haben eine einfachere und weichere Gestalt als die meisten Industrieanlagen. Diese Form kennen wir im kleineren Maßstab. Man kann niemals völlig sicher sein, daß nicht eine bestimmte Form die Formgebung eines anderen Dings beeinflußt. In diesem Fall aber sieht der Brennofen nicht aufgrund irgendeiner Voreingenommenheit, sondern aufgrund einer klaren Funktionsanalyse wie eine Flasche aus. Verbrennen und Kochen einerseits, Ausgießen und Aufbewahren andrerseits scheinen nicht zwingend zur gleichen

Battersea Power Station in London.
Ein Symbol des Industriezeitalters,
dem niemand zu nahe treten will.

Gestalt zu führen. Aber hier ist es so. Die Ähnlichkeit zwingt uns, die unterschiedlichen Vorgänge zusammenzudenken; wir sehen den Ofen mit einem Mal wie eine tragbare Flasche, die man in einer Straße vorübergehend absetzte, aber doch lange genug, daß sie an das angrenzende Gebäude anwachsen konnte. Bis wir dann schließlich zu der Vorstellung von Magrittes Fisch-Frau gelangen, einer monströsen Präsenz, die so gar nicht im Einklang steht mit dem Leben hinter dem Vorhang, zu dem sie sich verurteilt hat. Die Symbiose von Industrie und Leben kann viel radikaler wirken als Piranesis Visionen von imposanten antiken Mauern und Gräbern, die nur unvollkommen von einer bescheidenen zeitgenössischen Straße absorbiert werden. Der Grund ist: Industrieanlagen erwecken unterschwellig den Eindruck physischer Gewalt.

Durch die Aufgabe der Docks
geriet die *Isle of Dogs* ins Abseits;
ganz nahe der Stadt und doch sehr fern.

Als das Kraftwerk von Battersea noch arbeitete und Dampf und Rauch in das Zentrum von London spie, erschien es manchmal als ein Monstrum, das das Wetter machte, als ein selbstentfremdetes Objekt, dessen wesentliche Merkmale, die vier riesigen Schornsteine, so weit auseinandergezogen waren, wie das nur möglich war, so daß sie wie die Beine eines riesigen umgedrehten Tischs wirkten oder wie die Zacken eines riesigen Buchstabens. (Würde man einen ganzen Satz mit den Buchstaben dieses Alphabets ausschreiben, wäre das unser aller Ende.)

Gelegentlich bekommt man einen Eindruck von einer gänzlich industrialisierten Welt. Die Lagerhäuser von Shoreditch, die heute ziemlich leer stehen, wirken auf uns, als wären sie vollständig zu solidem Felsen geronnen. Sie okkupieren große Flächen, ohne daß man auch nur eine Möglichkeit des Zugangs sähe. Gleiches gilt, wenn auch umgekehrt, für die *Isle of Dogs*, einem der städtischsten und zugleich am wenigsten bebauten Räume in London. Bevor sie Entwicklungsgebiet wurde und damit eine Beute des Fortschritts, befand sich hier das Pompeji von London. Wie das wüste Gebiet im Norden von New Jersey wurde sie von Ziegelsteinen, Ruß und alten Maschinenanlagen beansprucht, aber nicht gänzlich in Beschlag genommen. Ein paar markante Punkte, etwa die McDougall-Mühlen mit ihren großen, schwerfälligen Getreidesilos, stachen heraus wie die Pyramiden in der ägyptischen Wüste. Weil die einzige, schlaufenförmige Straße auf der Insel sie ganz umkreiste und weil kleinere Industriebetriebe schon ganz im Erdboden versunken waren, waren diese Mühlen von vielen Seiten her zu sehen.

Bis vor kurzem war der Ort sich selbst überlassen. Die verstreuten Reste von Leben – ein paar Läden, eine geschmacklose Kapelle, die jetzt voller Autoteile ist, halbmondförmig angeordnete Arbeiterbehausungen, die von oben wie ein sinnloses Straßenpflaster wirken – waren nie miteinander verschmolzen, als hätte jemand diese Dinge einfach irgendwo stehenlassen, ohne sie auch nur auszupacken. «Insulaner» nannte man die dortigen Bewohner, und sie klammerten sich an ihren Platz, der so außergewöhnlich war, wie es nur der verachtetste und vergessenste Flecken sein konnte.

Alte von Osten aufgenommene Luftbilder von London, die sich auf die Themse konzentrieren, erwecken ein seltsames, starkes Verlangen nach dem, was es nicht mehr gibt. Die Docks von Surrey und die Insel füllen den Vordergrund aus; Rauch verdunkelt die Teile von London, welche die meisten Besucher kennen. Die Romane von Joseph Conrad kehren ins Gedächtnis zurück, die ganze düstere Geschäftigkeit, jene Bilder von der vernachlässigten, notwendigerweise sehr schmutzigen Stadt, wie man sie noch hie und da in Gebieten der Docks vorfindet, die nicht modernisiert wurden, wo schäbige Mietshäuser der dreißiger Jahre auf eine schmutzig aussehende Reismühle blicken, auf den träge fließenden Fluß und Flecken von ödem Sumpfland.

Die Rußablagerungen auf den Industriebauten, besser gesagt: die unergründliche schwarze Schmutzschicht, die äußerst vielfältig ist und aus ganz verschiedenen Substanzen besteht, ist selber historisch, eine sinnlich wahrnehmbare Urkunde der Vorgänge von einst, und selbst zwei identische Lagerhauskästen in der *Chequer Street* in Finsbury werden zu reichen Fundgruben der Vergangenheit. Von der verschatteten Allee aus, die zwischen beiden liegt, scheint sich eine ganze Welt von Spuren und Hinweisen auf die verlorene Sprache von London zu eröffnen. Obwohl die Tinte, in der die Botschaft geschrieben wurde, scheinbar unauslöschlich ist, kann man sie doch (mit den nötigen Lösungsmitteln und viel Geduld) auflösen – dann hat man aber genau das entfernt, was den Reiz dieser Gebäude ausmacht.

Die Mauern, die Michelangelo mit Fresken versah, wurden dadurch zu etwas anderem; die Architektur hält häufig Flächen vor, in die sich das Wetter und die Menschen einschreiben. Man könnte eine traurige Liste von Gebäuden

Die einmal benutzte Startrampe
eines Apollo-Flugs in Florida,
ein Stonehenge des Raketenzeitalters.

aufmachen, die durch die Reinigung ihrer Fassade armselig wurden, die, wie das unglückliche Grundbuchamt in Lincoln's Inn Fields, einem Hund gleichen, der seine Haare verloren hat. In diesem Zustand spricht nichts mehr gegen Abriß, und das wäre auch das logische Ende dieses Prozesses.

Alten Dingen ihre Aufschriften abzuwaschen, ist ein größerer Akt von Verrat, als man gegenwärtig einzuräumen bereit ist. Gemälde stellen dabei einen Streitfall dar. Wollen wir denn, oder haben wir etwa ein Recht darauf, daß jahrhundertealte Werke, wie schön das auch manchmal sein mag, so aussssehen wie gerade erst vollendet? Es gibt Ruinen, die von ständig wieder-holten Nutzungen erzählen, etwa alte Schnellstraßen, die unzählbar oft befahren wurden.

Und dann gibt es jene besonderen Fälle, von denen man weiß, daß sie nur wenige Male, vielleicht auch nur ein einziges Mal benutzt wurden, zum Beispiel die riesigen transportablen Hafenanlagen, die für die alliierte Invasion in der Normandie 1944 gebaut worden waren und die nun nahe ihrem vorgesehenen Ankerplatz verlassen liegen und mehr und mehr von ihrer Verarbeitung verraten, weil sich die See langsam durch die Metallhaut frißt und die untergründige Struktur bloßlegt.

Diese Denkmäler gelten nicht als solche, es ist nur einfach zu aufwendig, sie zu entfernen. Das gilt auch für die seltsamsten aller Einwegruinen, die Startplätze der Apollo-Raumschiffe in Florida. Schmerzlich ist, wie wenig Geschichte sie ausstrahlen, fast wie ein Gemälde, das man nicht gefirnißt hat, sondern nach seiner Vollendung einfach draußen ließ, Wind und Wetter ausgesetzt. Wir staunen, daß etwas so weit Entwickeltes und so wenig durch Gebrauch Verschlissenes so ausrangiert aussehen kann, als hätte es eine beschleunigende Kraft auf eine Umlaufbahn außerhalb der menschlichen Erinnerung versetzt.

Derartige Objekte, die so außerordentlich sind, daß wir sie nicht mehr einordnen können, besitzen eine so übermenschliche Größe, daß es eine herkulische Aufgabe wäre, sie in funktionsfähigem Zustand zu erhalten, wenn man das überhaupt wollte. Diese Plätze sehen jedenfalls aus, als ob sie sich nie jemand ansehen würde, und die Dinge liegen herum, als wären die Benutzer in aller Eile geflohen. Von weitem wirkt das höchste Bauwerk hier fast wie ein römischer Triumphbogen. Es ist von einer einzigartigen Verwüstung umgeben, als hätte dieser Ort in Florida das Aussehen der Orte angenommen, zu denen man die Raumschiffe schickte. Die Einbildungskraft scheint hier einen interstellaren Raum auf der Erde geschaffen zu haben, bevor man in Wirklichkeit dahin gelangte. Die fortgeschrittenste Technologie lebt immer unter der Drohung, ohne zeitlichen Zwischenschritt zur Ruine zu werden, denn sie besetzt einen Platz, wo sich Perfektionismus und Wegwerfmentalität begegnen.

Malerei

Wenn man die Überlegungen zur Architektur jenseits des Funktionalen weiter und weiter treibt, ist es fast unvermeidlich, daß man irgendwann zu den offen fiktionalen Räumen der Malerei gelangt. Sogar den trockensten Architekturhistoriker zieht es zur Malerei, wenn er sich zu den starken malerischen Impulsen in Architekturstilen wie dem Barock oder dem Rokoko äußert. Aber auch wenn man von diesen isolierten Einzelfällen absieht, wo Gemälde architektonisch und Bauwerke malerisch werden, trägt die solidere dieser beiden räumlichen Künste ein unerfülltes Verlangen nach der anderen in sich.

In Gemälden finden sich räumliche Vorlieben in einer ideologischen Reinheit dargestellt, wie sie sich Architekten kaum erlauben können. Krisen in der Geschichte der Wahrnehmung werden in der Malerei deutlich sichtbar, bevor sie auf die Architektur übergreifen. Die symbiotische Beziehung zwischen einer pittoresken und einer mechanischen Anschauung vom Leben, die jede auf ihre Art in den letzten Jahrhunderten versuchten, eine Anhängerschaft auf sich einzuschwören, läßt sich am leichtesten begreifen, wenn man ihrem ersten Auftreten in der Malerei nachspürt.

Am inspirierendsten für die Architektur ist die Malerei, wenn sie ihre eigenen Räume architektonisch gestaltet, wenn sie flache Oberflächen erscheinen läßt wie Gebautes; sie ist es weniger, wenn sie sich Phantasiearchitekturen hingibt nach Art einer überzüchteten Gotik, wie sie den Hintergrund vieler religiöser Bilder des 15. Jahrhunderts aus den Niederlanden oder Deutschland ziert. Es hat Maler gegeben, die gleichsam verunglückte Architekten waren und menschliche Beziehungen durch Räume und Volumina ausdrückten. Die letztgültige Probe auf die nun folgenden Beispiele wäre vielleicht, sie an der realen Architektur zu messen, zu bestimmen, welchen Gebäuden – und zwar, welchem spezifischen Gebäude, nicht welchem Gebäudetyp – sie entsprächen. Man wendet sich aber Gemälden gerade deshalb zu, weil sie weder praktische noch gegen die Praxis gerichtete Vorschläge machen – und genau darum kommt alles, was Architektur ist, nicht herum.

Es scheint angemessen, mit einem Gegenbeispiel zu beginnen, mit einem antiarchitektonischen Raum. Heiligenbilder können für den praktischen Verstand des Architekten, der stets danach trachtet, seinen Räumen eine vielfältige Existenz zu geben, eine nützliche Provokation sein. Madonnen im byzantinischen Stil, wie man sie in Siena malte, machen das Bild zu einem einzigen, alles verschlingenden Ort, der am Reichtum seiner Ausfüllung erstickt. Deshalb sehen viele darin reine Oberflächen ohne Raum. Sie sind aber etwas anderes als reine Muster, bloße Stücke gemusterten Stoffs, die unsere Aufmerksamkeit auf sich ziehen sollen. Denn obwohl die Madonnen eins sind mit sich, wirken sie streng hierarchisch auf alle anderen Teile der Bildfläche; selbst das Jesuskind ist ausdrücklich auf Gesicht und Hände der Madonna bezogen. Muster sind

immer und unausweichlich frontal, byzantinische Figuren sind dies aus bewußter und überlegter Entscheidung heraus. Sie sind inthronisiert, der Giebel des
Bildrahmens folgt dem zugespitzten Dach des Throns und schafft eine expan-
dierende Aura der Präsenz.

Diese Gemälde bieten ein Nest, einen Ruheplatz für den Betrachter, der
die Rolle des Jesuskinds einnimmt und sich von dieser einschließenden Präsenz
zwar nicht einschüchtern, aber doch unterordnen läßt. Manchmal wird der
Thron sogar rund, und die Macht der Madonna konzentriert den Raum in sich.

Es ist ein zutiefst antirationales Wirklichkeitsverständnis, das sich auf
Zentren der Bedeutung einläßt, wohin die gesamte Realität flieht, um in der
Nähe des ersehnten Ziels zur Ruhe zu kommen. Dieses zu verstehen ist keine
Frage des Glaubens, sondern hängt von der Eigenheit der Darstellung ab, was
sich nicht zuletzt darin zeigt, daß auch Agnostiker überwältigt werden, wenn
sie sich auf solche Bilder einlassen. Beim Anschauen dieser Bilder ist es, als
käme man nach Hause, als habe man sich schon immer gewünscht, daß die
Welt in einem solchen Wellenmuster arrangiert wäre, und nur nicht verstanden,
danach zu fragen. Alles erfüllt sich in den reichen, willkommen heißenden
Faltungen des mütterlichen Kleids, dessen Herrlichkeit durch die winzigen Flöhe
in Engelsgestalt bemessen wird, die sich an den Rändern der Gewandung
herumtreiben. Früheste oder kindliche Wahrnehmungen verdrehen die Maßstäbe in solcher Weise, es entstehen große Diskrepanzen, was etwa die Größe
eines Raums anbelangt, bis schließlich die Vernunft kommt und allen Dingen
und allen Räumen gleichen Maßstab und gleiche Realität gibt.

Unter den Bildern, die eher Ehrfurcht als rationales Verständnis erwecken
sollen, gibt es einen Typus, der die Antithese zu den hieratischen Madonnen
darstellt oder auch zu den großen Bildern von Heiligen, die von kleinen Szenen
aus ihrem Leben umgeben sind wie Seitenkorridore mit Mönchszellen. Die
Teppichseiten des *Book of Lindisfarne* sind bar jeder Art von Brennpunkt,
während byzantinische Bilder auf fast schon manische Weise zentrieren. Die
Organisation der Lindisfarne-Muster ist vordemokratisch, es ist eine planvolle
Verwirrung: Vier Wasservögel sind zusammengewachsen, ihre Hälse sind seit
der Geburt wie Ranken von Weinstöcken ineinandergeschlungen und füllen
den gesamten Raum aus, der ihnen freiwillig zugestanden wird. Der ganze
Verlauf ist farblich so gehalten, daß die einzelnen zusammengehörigen Teile
leicht verfolgt werden können, falls das jemanden interessiert: die Hälse sind
grün oder blau und setzen sich endlos fort, sie vereinigen sich mit anderen
Körpern als dem eigenen. Die Flügel sind purpurrot, die Krallen grau, wie auch
– am anderen Ende der Kreatur, verrückterweise – die Kämme.

Diese seltsamen, menschenfernen Räume können den Maßstab für men-
schengemäßere geben, als wäre es ihre Absicht gewesen, unbewohnbar zu
sein oder ein beständiges unruhiges Flimmern vor den Augen anzudeuten, einen Geist, der unfähig ist, das Licht zu ertragen, eine Energie, die deshalb

Ornament-Seite aus dem
Book of Lindisfarne
(Irland, um 700).

existiert, weil sie nicht fähig ist, irgendwo nach Hause und irgendwo zur Ruhe
zu kommen. Oder handelt es sich bei diesen immer wieder aufgegebenen Rou-
ten nicht vielmehr um entspannte Ausflüge von einer sicheren Basis aus, wie ein
üppiges jährliches Wachstum aus einem Wurzelstock? Aber das Spiel scheint
beendet, in Dauer erstarrt, eine Architektur von unbenutzbaren Dimensionen.
Romanische Gespinste dieser Art sind antiarchitektonisch, weil sie allen ihren
Erfindungsreichtum aufwenden, um den Ort, wo sie sich befinden, mit ihrer Fülle
aus der Existenz zu drängen, ihn zu einem Nichtort zu machen, wo für niemanden Platz ist. Trotz ihrer Üppigkeit sind sie rein negativ; sie schließen den Weg
einfach ab und sind Räumen vergleichbar, die zu klein oder zu voll sind, als daß
man sie noch betreten könnte – man kann von ihnen nur wissen und sie besten-
falls zählen, wenn man an ihren Eingängen vorübergeht.

Die Renaissance bedeutet unter anderem auch das weitverbreitete Eindrin-
gen einer architektonischen Haltung in die Malerei. Die Bildvorwürfe werden
dreidimensional erfaßt, als wäre das Gemälde nur das Modell einer möglichen
Konstruktion. Das *Letzte Abendmahl* im Refektorium des romanischen Klosters
von Pomposa hätte einen Beitrag zur Diskussion des Zentralbaus in der

146

Das Letzte Abendmahl.
Wandmalerei in der romanischen
Abtei von Pomposa bei Ravenna.

Renaissance leisten können, wenn jemand das Bild dazu herangezogen hätte.
Es konstruiert einen zirkulären Raum, wie er später Bramante, Michelangelo
und andere beschäftigen sollte, aus einer sternförmigen Organisation von
Körpern. Damit erzählt dieses Bild eine architektonische Idee und bevölkert sie
zugleich, eindringlicher, als dies mit topographischen Ansichten von Kirchen-
interieurs voller Menschen geschieht. In solchen Fällen nämlich überlagern sich
räumliches Denken und architektonisches Detail, um die Fragen abzuschließen,
die eine so generalisierte Aussage wie das Fresko in Pomposa mit seinem
vollbesetzten runden Tisch gerade offenhält. Und doch ist die Anordnung
wiederum so beschaffen, daß sie auch als zwei flache Reihen gelesen werden
kann, wie eine der alten romanischen Darstellungen, die die Heiligenfiguren
so aufreihen, daß das Auge sie der Reihe nach durchgehen kann.

    Die Einführung perspektivischer Darstellungsformen zur Erweckung einer
Illusion von Tiefe erweitert die Horizonte der Architekten und der Maler, macht

Giovanni di Paolo:
Die Geburt Johannes des Täufers
(London)

fast von selbst neue architektonische Formen möglich. Aber es handelt sich dabei keineswegs um ein neutrales Werkzeug. In den Händen eines heimlichen künstlerischen Reaktionärs wie Giovanni di Paolo wird es so verklemmt, daß sich eine kafkaeske Vision eröffnet: die Tiefe erscheint endlos, weil sie sich in gedrängte, gereihte und zurücktretende Bühnen zergliedert wie ein Satz von Schachteln. In seiner *Geburt Johannes des Täufers* weicht die Realität in verschiedene, unabhängige Richtungen zurück. Die gleiche Pyramidenform, die zur Repräsentation unseres optischen Weltverständnisses wurde, erscheint im Fußboden *und*, im rechten Winkel dazu, als Kaminaufsatz.

Es scheint, als sei der Kegel mit abgewandter Spitze zu einem generellen Sinnbild für das Blickfeld des Auges geworden, einem Markenzeichen der Optik, zu einer ablösbaren Form, die an verschiedenen Situationen gleichzeitig teilnehmen kann. Es ist möglich, auf dem gleichen Bild mehrere kleine Abbilder des Täufers erscheinen zu lassen, um spätere Stationen seines Lebenswegs in

Erinnerung zu rufen. In beiden Fällen wird die zentralperspektivische Theorie und Wahrnehmung dekorativ behandelt, als bedeute es Reichtum und nicht Irrealität, wenn man die Welt in ihrer Gesamtheit vervielfältigt und über sie verfügt.

In der italienischen Malerei finden sich verschiedene bizarre Beispiele von – oft auch umgedrehten – perspektivischen Kegeln, die wie Gegenstände behandelt werden, etwa auf dem *Heiligen Sebastian* von Antonio und Piero del Pollaiuolo in London, wo die menschlichen Akteure eine zeltartige Struktur bilden. Hier werden die Fluchtlinien von Bogenschützen gezogen, deren Pfeile – nicht neutral und gar nicht schmerzlos – sich in einem menschlichen Fluchtpunkt vereinigen, dem Körper des Heiligen. Die primitive Hütte, die von dieser menschlichen Pyramidenkooperative gebildet wird, steht in einer kargen Landschaft mit kostbaren ruinösen Gebäuden und militärischen Elegants. Die sind aber so weit entfernt, daß der Ort zum idealen Nirgendwo wird – abstrakt wie eine Wüste oder die Seite einer Abhandlung über Geometrie. Das ganze Bild handelt nicht vom Leiden, sondern vom Brennpunkt; es hat mit Räumen, nicht mit Empfindungen zu tun.

Für das gedrängte Interieur der niederländischen Primitiven, wie es sich so wundervoll in einigen Bildern findet, die einem «Robert Campin» zugeschrieben werden, gibt es kein italienisches Äquivalent. Maria scheint in einem Raum, der viel zu klein für sie ist (aber von späteren Restauratoren auf stupide Weise vergrößert wurde), auf dem Fußboden zu sitzen; Joseph in seiner Tischlerwerkstatt legt Mausefallen aus (Fallstricke für den Teufel oder für unschuldige Seelen?). Diese Räume selber sind Mausefallen, auf erstaunliche Weise wird Anschauung verdichtet, als ob die beste Aufmerksamkeit sofort ins Mikroskopische ginge, als ob Miniaturen das eigentliche Modell für wesentliche Wahrheiten wären und nicht Denkmäler.

Die italienische Intention geht andere Wege. Sie zwingt uns nicht, die gesamte Bildfläche Zentimeter für Zentimeter abzutasten, vielmehr lockt sie uns in seltsame Taschen des Raums hinein. Die *Geißelung* des Piero della Francesca ist ein verblüffendes Werk eines sehr bewußten Malers. Das Bild ist nicht eigentlich ein Interieur, eher ein abstraktes Schema davon. Es kehrt die Bedeutungen um, nicht anders als Pieter Aertsens Bilder von Küchen mit riesigen Mengen an Gemüsen und geschlachteten Tieren, wo man nur durch ein kleines Guckloch auf das eigentliche Thema – Christus mit Maria und Martha – blicken kann. Auch in Pieros Bild wird uns – wie es so häufig im Leben, aber selten in der Kunst geschieht – kein Platz in der Nähe dessen gegönnt, wofür wir das meiste Interesse und die größte Neugier haben. Als Zaungäste können wir die Unterredung nicht verstehen, wir sind lediglich nahe genug, um zu wissen, daß sie stattfindet. Piero vermittelt das Gefühl von Enge auf andere Weise, durch Disproportion, nicht durch Überfülltheit, aber auch hier wird der Betrachter von einem Gefühl räumlichen Unbehagens zur Entzifferung des Bildes verleitet.

Piero della Francesca:
Die Geißelung Christi
(Urbino)

Piero hat eine Vorliebe für das Ummünzen einer Figurengruppe oder eines Teils des Bildes in einen anderen, wozu in der Regel eine große Disparität zwischen Vorder- und Hintergrund gehört. In der *Geißelung* wirkt dies wie ein Verrat an der Wahrheit, wenn man nicht die Umkehrung der normalen Bedeutung nachvollzieht und begreift, daß der Vordergrund (die großen Figuren auf der rechten Seite des Bilds) Hartherzigkeit bezeichnet, wohingegen das Zurücktretende (der kleine Christus im Hintergrund links) feierlichen Ernst ausdrückt. Hier experimentiert Piero mit den Gefühlswerten der räumlichen Staffelung und kommt dabei wie üblich zu widersprüchlichen Aussagen. Das Bild läßt sich in zweifacher Weise lesen und gibt zwei verschiedene Antworten: Als *Muster* betrachtet, von einer Seite zur anderen, wirkt es rein, aber gefühllos, als habe es ein Registrator mit kaltem Blick gemalt. Betrachtet man das Gemälde aber als *Raum*, geht es in die Tiefe, ist zerklüftet und beunruhigend.

Piero vereitelt unser Verlangen, zu wissen, wie wir uns zu den dargestellten Ereignissen stellen sollen; und er liefert uns nicht die Bedeutungen, die wir erwarten. Seine entschlossene Zurückhaltung bringt individuelle Figuren hervor, die wie leuchtende, nichts mitteilende Steine wirken; er baut Bedeutung wie ein Gebäude und zeigt kein persönliches Beteiligtsein.

Es ließe sich eine Serie von Gemälden zusammenstellen, die menschliche Kolonnaden abbilden. Die Menschen werden – etwa in vielen Bildern Pieros – zu einer regelmäßigen Anordnung auf der Bildfläche. Die Oxforder *Jagd* des Paolo Uccello ist eine Negation dieser Idee, er behandelt den Raum des Bildes wie ein endloses säulenbestandenes Gebäude; die auflösende Gewalt der Perspektive scheint hier als ein schwarzes Loch zu agieren und die Realität zu beseitigen. Die Bäume gleichen Säulen, der düstere gotische Wald treibt die Raumidee der Renaissance so weit über sich hinaus, daß daraus eine Anti-Idee wird. Hier gibt es einen Fluchtpunkt, in dem alles verschwindet. Damit liegt eine der überzeugendsten Annäherungen an Substanzlosigkeit vor, die jemals gemalt wurde: diese ganze, vereinheitlichte Welt existiert nur, um zu verschwinden. Gegen seine Absicht wird Uccello von der Wissenschaft zu verschiedenen Destruktionen getrieben: Kriege, die den Raum bersten lassen; Jagden, die ihn annullieren. Immer endet hier aktiver Kampf in Zerstörung – eine düster-deutliche Vision.

Die nächste Phase des Raumdenkens der Renaissance ist weder so materialistisch noch auf so heroische Weise pessimistisch. Die Räume des Jacopo da Pontormo sind komplizierter und provisorischer, wirken heikel, aber nicht verzweifelt, widersprüchlich, aber nicht bedeutungslos. Seinem *Joseph in Ägypten* fehlt die Mitte. Eine Spalte hat sich geöffnet und zu beiden Seiten Klippen aufgeworfen. Der Raum ist geteilt und zudem noch gefaltet: Die gleiche Figur, die auf der linken Seite kniet, erscheint auf der rechten (zweimal), wie sie die Treppe heraufsteigt. Zeit und Raum bilden konfuse parallele Kämme und Grate, wie faltiger Stoff. Anomalien und Archaismen treten vielfältig auf, aber sie *bedeuten* hier immer etwas und geben dem Maler Verfahren an die Hand, um seine alles durchdringende Unzufriedenheit auszudrücken. Unsichtbare Wände und nach oben verschobene Räume sind nicht länger wie in mittelalterlichen Manuskripten unschuldige Darstellungskonventionen – sie geben auf unbehagliche Weise kund, daß sich niemand zu Hause fühlen darf und alle Existenz bedroht ist.

Kontinuierliche Bewegungen sind hier unmöglich; in der aufsteigenden Richtung reißen Lücken auf, die uns gewaltsam von einem Denken in feststehenden Bildern wegtreiben hin zu Sequenzen und Entwicklungen, die dann wieder unterbrochen werden und sich als unvorhersagbar erweisen. Pontormos Bild ist eines der ersten, bei dem der Erzählmodus den Erzählgegenstand aufsaugt. Hier interessieren uns vordringlich die Probleme des Erzählers, nicht die der dargestellten Figuren – es geht um die Verwerfung der Struktur, nicht darum, ob das, was lebt, dort leben könne. So gesehen wirkt Pontormos Bild

Jacopo da Pontormo:
Joseph in Ägypten
(London)

zugleich nervös und betäubt, überaktiv und träge: Der Maler manipuliert seine Figuren auf herzlose Weise, um den Tumult in seiner Seele zum Schweigen zu bringen. Die ganze Komplexität wird nur in der Hoffnung aufgebaut, daß sie sich fortschaffen ließe.

Der Tumult in einigen frühen Bildern Stanley Spencers ist noch gewalttätiger, jedoch plausibler. Gegenstände wirbeln herum, als hätten Windböen sie erfaßt. Auf den Gedanken könnten wir zumindest kommen, wären wir nicht an einen ruhigeren Zustand der Welt gewöhnt. So scheint es wohl doch eher auf Spencers Vision und nicht auf das stürmische Wetter zurückzuführen zu sein, daß Stühle sich zur Seite legen und leere Kleider sich voll Eigenleben aufblähen. Figuren vereinigen sich und werden hineingezogen in diese Wellenbewegung, neigen sich wie hohes Gras und stoßen zusammen, wo zwei verschiedene Schübe aufeinandertreffen. Stanley Spencers nächster Verwand-

Stanley Spencer:
Kreuztragung
(London)

ter ist Pontormo, nicht irgendein Maler des frühen 20. Jahrhunderts. Später aber verlor Spencer an Seltsamkeit und wurde eher archaisch, an die Stelle manieristischer Intensität trat gotische Flächigkeit.

Kurz gesagt entwickelte sich Spencers Malerei von Bewegung zu Muster, von seltsamen Konfigurationen, die eine Verwirrung der Gefühle ausdrücken, hin zu Arrangements, die nichts anderes als Arrangements darstellen. Aus einem natürlichen wurde ein formaler Manierist. Seltsamerweise aber übernehmen die monströsen Gegenstände, die mit den Figuren um den Raum kämpfen – riesige Teebehältnisse, Posttaschen, weiche, wehende Tücher, die Tische der Geldwechsler, das Schweißtuch der Veronika, die Grabsteine von Soldaten – den Raum nicht, auch dann nicht, als Spencer die Kräfte des Lebens nicht mehr so stark drängen. Nicht die Welt versteinert für den späteren Spencer, sondern die Menschen. Sie nehmen die Eigenschaften unbelebter Dinge an, werden hart oder weich, gerinnen zu kraftvollen, flächigen Mustern. Würden wir nicht den früheren, explosiven und verletzlichen Spencer kennen, kämen uns die späteren Werke noch seltsamer vor; wie Gemälde eines Künstlers, der die Realität als Maschine sah, ein englisches Pendant zu Fernand Léger.

Antoine Caron:
Kaiser Augustus und die Sibylle von Tibur
(Paris)

Eine der Merkwürdigkeiten in Spencers Laufbahn ist die Hartnäckigkeit, mit der er sich jedem kontinentalen Einfluß verschloß. Der Preis für diese Isolierung war hoch; unfähig, fremde Eindrücke aufzunehmen, kam er zu einer ständigen, durchaus der Massenfertigung vergleichbaren Selbstimitation. Er hatte stets eine gleichsam architektonische Haltung gegenüber Lebewesen eingenommen, irgendwann aber verschwand die Spannung aus diesem Gegensatz, und alles verwandelte sich zu Stein.

Man möchte wünschen, Spencer hätte sich von Gemälden wie Antoine Carons *Kaiser Augustus und die Sibylle von Tibur* inspirieren lassen. Dieser de Chirico des 16. Jahrhunderts bevölkert Rom mit Ruinen, so individualisiert und tölpelhaft, als wären sie Menschen, die glücklich sind, aller Verantwortung ledig und zur Passivität verdammt zu sein. Es ist eine entschlossenere Vision einer mechanisierten Welt, zwar gebaut, aber keineswegs tot oder ereignislos. Jede gespreizte kleine Säule, jeder Bogen und jede Rotunde ist mit sich selbst beschäftigt und steht weit genug von allen anderen entfernt, um eine Entfremdung auszudrücken, bei der allerdings noch die Hoffnung besteht, sie zu überbrücken – wie in einem Haus, in dem die vielen verschiedenen Bewohner dabei sind, sich zu organisieren.

154

Eine der Stärken dieser frühen Visionen besteht darin, daß sie noch nicht zu einem Code erstarrt sind. Caron verknüpft seine Monumente noch mittels einer ehrwürdigen Erzählung. Er ist noch nicht auf die Malerei von reiner Szenerie eingeengt. Vielleicht aber unterscheidet er sich von dem auf falsche Weise lebendigen späten Spencer hauptsächlich dadurch, daß er keine Energie vortäuscht, die er nicht besitzt. Seine Trägheit findet ihre Analogie in den Monumenten, die er malt, wohingegen bei Stanley Spencer der Verlust an Intensität von einem hektischen Betrieb an der Oberfläche begleitet wird, von Menschenansammlungen, deren Einzelfiguren ihre Unterscheidbarkeit verloren haben.

Es gibt eine Art von Wahrheit in den manieristischen Kunstwerken, etwa wenn der Miniaturmaler Giulio Clovio Rahmen und Bild vertauscht. In seiner *Anbetung der Hirten* geht die gesamte Kraft in die gewundenen Figuren des Rahmens ein, während die zentrale Szene zu einer Gemme zusammenschnurrt, deren Akteure weniger deutlich unterschieden sind als die nackten, sich windenden Figuren auf der Umrahmung. Diese winzigen Stücke Pergament gleichen den Deckenbildern der Sixtinischen Kapelle, wenn man diese zwischen Buchdeckel preßte – sie sind aber eben sehr klein, auch verglichen mit anderen Büchern.

Clovio hat Freude an der Beschränkung seiner Freiheit. Da er Buchseiten statt Mauerwände bemalt, macht er sie zu seltenen Schaustücken, zu winzigen, fiktionalen Schätzen, wo das Künstliche die Natur fast völlig verdrängt hat. Etwas Ähnliches geschieht in den Landschaften des Joachim Patenier, wo die Berge tatsächlich verkleidete Architektur sind. Die natürliche Welt wird zum Kunstwerk perfektioniert. Die gesamte Fläche wird zu einem großen, kostbaren Edelstein, auf dem Bäume oder Einsiedler zu kleineren Verfärbungen oder Unebenheiten gerinnen, die etwas Unwichtiges über die Herkunft des Juwels verraten, an dem sie hängen oder in das sie eingeschlossen sind.

Bei Andrea Mantegna und manch anderem norditalienischen Künstler ähnlicher Art hat die Vorliebe für Stein historisierende Kraft – denn alles, was mineralische Streifenbildung besitzt und die ganze Gestalt ergreift, wirkt auf unser Zeitalter klassisch, scheint in seiner Substanz die großen Zeiten des alten Rom wieder aufleben zu lassen. Ein Körnchen Architektur in der Realität ist das eigentliche Kennzeichen für Dauer. Gemälde wirken weniger vergänglich, wenn sie eine gemalte Ähnlichkeit mit Stein aufweisen.

Wenn Mantegna die Dido vor ihrem Scheiterhaufen malt, zieht das Holz, welches sie auslöschen wird, unser Auge von der Person ab. Es zeigt sich als genau sortierte Ansammlung aller möglichen Arten und Stärken von Brennholz, von kleinen Zweigen bis zu dicken Balken. Der Maler hat – wie er das häufig tut – der ganzen Verschiedenheit eine fiktive Konsistenz gegeben: Alles, einschließlich der armen Dido, wirkt wie aus vergoldetem Porphyr; der Kostbarkeit ist ein weiterer, noch kostbarerer Mantel umgelegt, die Härte ist zwar dem fühllosen Holz analog, aber doch verschieden davon.

Verglichen mit Carlo Crivelli herrscht hier noch Naturalismus, und eine gewisse Skrupelhaftigkeit. Crivellis Grundprinzip besteht darin, jedes Stück der Realität in Felsen oder in kristalline Strukturen umzuwandeln. Mantegna gibt eine «naturalistische» Erklärung: Die Leinwand sei in Wahrheit eine skulptierte Täfelung oder ein Fries, das Fragment eines größeren Bauwerks. Nichts davon gibt es bei Crivelli; er will, indem er die Oberfläche hart und die Linien brüchig macht, lediglich auf die Betrachter einen Reiz ausüben. Neuheit verspricht Wirkung *als solche*; auch ohne eine wesentliche Aussage über die Realität. Crivellis Extravaganz baut auf eben diesem Prinzip auf: Er möchte keine architektonische Struktur suggerieren, die unter der Oberfläche existiert, sondern alles zur Oberfläche machen. Damit erzeugen seine Bilder eine plötzliche Überraschung und ein Entzücken, das aber schwindet, sobald man diese Bilder kennt und sich klarmacht, daß hier alles eben nur ein wenig härter ist. Fleisch wird zur zähen Fruchtschale, Früchte werden zu Felsen, Kleider zu Metall, Marmor zu... einem gemalten Regenbogen. Der Zauber ist zu offensichtlich, die Transformationen bleiben mechanisch.

Realität auf diese Weise zu objektivieren, ist nur in einem trivialen Sinne architektonisch. Man findet das etwa in manchen Derivaten des Kubismus, wo man Gesellschaftsporträts in schlanke Metallkonstruktionen verwandelte. Die Elisabethanische Fassung dieses Aufeinandertreffens von menschlichem Kunstwerk und natürlicher Welt fällt weniger formelhaft aus als bei Crivelli. In den wenigen Fällen, wo Elisabethanische Porträts eine Landschaftsstaffage haben, zeigen sie die stehende Figur als eine Naturgewalt, den allegorischen Begleiter der Wälder und Gewässer. Darstellungen von Militärs scheinen so fern von der Erfahrung des Kriegs, daß man die moortüchtige Ausrüstung eines irischen Soldaten leicht für die lockere Eleganz eines Maskenkostüms halten könnte. Die Wälder sind so klaustrophobisch wie Zimmer, es gibt enge Korridore, die zu vorbestimmten Treffpunkten führen, Schilde hängen von Bäumen, unter denen Drachen ruhen, die wie Schmuckanhänger wirken.

Die Königin bildet den Gipfel all dieser Visionen. In dem Bild von Marcus Gheeraerts erscheint sie als Verkörperung Englands, eine Erscheinung, die größer ist als das ganze Land, denn Elisabeth steht auf der Landkarte, und die Wetterbewegungen in den höheren Luftschichten umgeben sie wie eine weitere Schicht ihrer Kleidung.

Kleider spielen eine wichtige Rolle auf den Bildern dieser Epoche. Elisabeths Gewand legt eine Blakesche Aura um ihre Person und dehnt ihre Macht über die eigentlichen Grenzen des Körpers hinaus aus. Die Kleider usurpieren menschliche Funktionen, sie sind mächtiger als die Person, begraben sie in einem sperrigen Kristallpalast, bilden eine nichtorganische Gestalt, die das kleine, darin steckende Insekt, den menschlichen Körper, verschlingt.

In einem anderen Bild der Königin, dem *Gower Portrait*, wird Weitergehendes, aber zugleich weniger Grenzenloses suggeriert. Die Welt wird hier

Flämischer Meister des 17. Jahrhunderts:
Kunstkenner bei der Betrachtung von Gemäldon
(London)

mittels zweier kleiner Bilder oder Fenster zugelassen, die die Königin mit kontrastierenden Ansichten, wie Sonne und Mond, oder Krieg und Frieden, einrahmen. Es sind Schnappschüsse aus einer besonderen Art von Raum, der in dieser Epoche neue Bedeutung gewann, dem Museum oder der Privatsammlung, einem Ruheplatz oder Sammelpunkt für Raritäten. Was die Königin für die staatliche Welt bedeutet, bedeutet das Museum für die gelehrte: den Zusammenfluß aller Linien des Sehens oder Forschens, eine verschwenderische Konzentration von Tierischem, Pflanzlichem und Mineralischem, dazu von Gewerbefleiß, Kunst und Natur, von wissenschaftlichen Instrumenten, Gemälden aus ungewöhnlichem Material und exotischen Spielwerken, die ein unerhörtes Ausmaß von handwerklicher Geschicklichkeit erforderten.

Seit dieser Zeit waren Museen der einen oder anderen Art eine abendländische Obsession, für Fremde sicherlich eines der Identifikationsmerkmale dieser Kultur. Niemals wieder aber haben die Räume, die Museen behausen, eine derartig magische Kraft entfaltet. Sie wurden auf einer Reihe von Bildern dargestellt, die nun ihrerseits – als kleinere Museen innerhalb der größeren – in Museen hängen, ein Regreß ähnlich den bekannten russischen Schachtel-puppen, wo eine und immer noch eine kleinere Puppe in der Puppe steckt, bis man zu einer kommt, die so klein ist, daß sich vom Auge keine Details mehr erkennen lassen.

Man schaut auf solche Bilder und schaut damit in einen kleinen Guckka-sten, in dem man Leute sieht, die genau das gleiche tun, was man in diesem Augenblick selber tut – seiner selbst bewußt ein Objekt betrachten, das sich an einem Ort befindet, der genau zu diesem Zweck besteht.

Die «Museen» auf diesen Bildern sind aktiver als unsere, sie sind deren Vorläufer, sie gefallen sich noch nicht in dauernder Unveränderlichkeit. Man sieht Museen, die sich erst bilden, sieht Sammler beim Sammeln, obwohl die Sammlung eigentlich in dem Sinn vollständig ist, als – wenn auch einige Exponate noch unbeschriftet oder nicht gehängt sind – kaum noch Platz für weitere Stücke bleibt. Das ist natürlich auch eine der möglichen Ökonomien für einen solchen Ort: jede Neuerwerbung verdrängt ein vorhandenes Stück. Doch wir prüfen einen derart überladenen Raum nicht mit dem Gedanken, ob es uns gelingt, ihn noch wertvoller zu machen, sondern wir finden anderswo ein begehrenswertes Objekt und lösen das Problem, wohin damit, später.

Noch mehr als durch ihre Enge unterscheiden sich diese Bilder von unseren Museen durch die Vielfalt ihrer Objekte. Die Wände bilden ein Mosaik aus Gemälden, die nichts miteinander zu tun haben – Genrebilder, Landschaften, Seestücke, Porträts und Stilleben hängen bunt durcheinander; man macht keinen Versuch zu sortieren, weder nach Gegenständen noch nach Schulen, weil man in erster Linie an die Sammlung als Ganzes denkt wie an eine große geometrische Figur. Der Sammler des 17. Jahrhunderts ist viel mehr Innenraum-gestalter als Wissenschaftler (aber selbst die Wissenschaftler des 17. Jahrhun-derts erscheinen uns heute fast als Künstler).

Uns erscheinen diese Bilder als Kunstwerke unbefriedigend. Der Maßstab ist verkehrt. Die Sammlung, nicht das einzelne Bild, wird als Ganzes gesehen. Die Bilder werden von einer quasiwissenschaftlichen Vorstellung erfaßt, die den Wald vor lauter Bäumen nicht mehr sieht; die Winzigkeit der Gemälde macht ihren Charme aus – und ist zugleich enttäuschend. Die einzelnen Bilder auf den Wänden werden zwar niemals als undeutliche, verschwimmende Flecken dargestellt, und doch können wir sie, realistisch gesehen, aus der Entfernung, aus der wir das Gemälde betrachten sollen, nicht wirklich in Augenschein nehmen. Was wir sehen, ist auf unnatürliche Weise genau, entspricht fleißig erarbeiteter Kenntnis, nicht hingerissener Wahrnehmung.

Das gleiche gilt für das gesamte Inventar an Winzigkeiten, das Tische, Schränke und Regale füllt. Die meisten dieser Dinge sind geradezu lächerlich klein – nicht für die Miniaturmenschen, die sie innerhalb des Gemäldes mit Liebhaberblick betrachten, sondern für uns, die wir sie zwar auf magische Weise genau erkennen können, aber sie mit unseren groben Händen sofort zerquetschen würden, wenn wir sie in die Finger bekämen. Die Perfektion dieser Darstellungen beruht auf einer rigorosen Barriere gegenüber uns als Teilnehmern – auch solche Winzigkeit ist eine Form der Entfremdung.

Das befreiende Potential, das die entfremdende Eigenschaft dieser so deutlich abgebildeten Vielheit aufheben kann, ist sein Reichtum an Bezügen. Hier hängen Bilder neben Skulpturen, Schmuckstücke aus Gold und Silber, Korallen, Kristalle und Juwelen liegen neben Uhren und wissenschaftlichen Utensilien, neben Münzen, Insekten, Zeichnungen, Landkarten, Büchern, Decken und Waffen. Jedes dieser Dinge scheint eine Abteilung für sich zu bilden, die sich in ganze Korridore und Labyrinthe von Räumen verzweigt, wenn man nur der nüchternen Methode des Abbildens entkommen könnte.

Noch kraftvoller zeigen sich die Möglichkeiten eines solchen Bazars in Adam Elsheimers Gemälde *Minerva* aus dem Besitz des Fitzwilliam Museums in Cambridge. Auch hier ist alles winzig, entsprechend der mitteleuropäischen musealen Obsession, zugleich aber ist auch alles dunkel und unerkennbar, als käme man aus der Mittagssonne in einen abgedunkelten Raum. Zunächst einmal erkennt man gar nichts, dann wird langsam der Künstler und sein Modell vor dem reich ausgestalteten Hintergrund sichtbar, dann die Figur, die bei schwachem Kerzenlicht in einem großen Buch liest, später auch die Gestalt, die den Globus betrachtet, und vielleicht ganz zuletzt erst die schlafende oder meditierende Minerva – das Ganze stellt einen Katalog von Tätigkeiten dar; die Personen erforschen, untersuchen, prüfen, wie wir es auch tun, und zwar in einem orakelhaften Raum, einer platonischen Höhle, die, ohne daß auf die geschätzte Kleinteiligkeit verzichtet würde, von der Privatheit aller Wahrnehmung spricht, von der Isolierung jedes einzelnen Betrachters, auch wenn er sich mit anderen am gleichen Ort befindet.

Elsheimer ist es gelungen, die Gefühle abzubilden, die in einem solchen Museum, wie es das zuvor betrachtete flämische Bild nur ganz prosaisch auf die Leinwand brachte, herrschen, ohne dabei in aufspürbare Abweichungen von der Wirklichkeit zu verfallen. In erster Linie drücken solche Museen eine Diskontinuität in der Erfahrung oder in der Wahrnehmung aus. Für den prosaischen Blick wirkt das nur wie Fragmentierung, bei Elsheimer wird es fast zu Solipsismus. Das Museum oder die Sammlung entspricht, daran erinnert uns seine sprechende Darstellung, einer Krise in der abendländischen Weltanschauung. Ernsthafte Sammler suchen die Stücke einer Welt zusammen, die sie – wenn auch unterschwellig und mit halbem Bewußtsein – als eine Welt in Ruinen erleben. Wer glaubt, Sammeln sei bloß ein luxuriöser Zeitvertreib und ein Mittel gegen die Langeweile, dem entgeht das Wesentliche: Sammeln beginnt immer mit einem tiefen Gefühl für die Unvollkommenheit.

Die Italiener präsentieren Sammlungen und Sammler in der Regel weniger umfassend, sie haben kein solches Vergnügen am Sortieren. Lorenzo Lotto zeigt Andrea Odoni zwischen einigen der schönsten Stücke seiner Sammlung antiker Skulpturen, aber er zeigt keineswegs alles, was dieser Kunstliebhaber besaß. Obwohl die dandyhaften Figürchen in den Kunstkabinetten der Niederländer mehr nach Juwelen und damit nach Sammlungsgegenständen aussehen, wirkt Lottos Sitzender tiefer von seinen Schätzen berührt. Sie sind fast lebensgroß, stellen erkennbar Menschen dar und machen daher auch auf die Gefühle des Betrachters einen größeren Eindruck. Mehr als anderswo kann man hier die Nachlese statt der Hochblüte der Kultur sehen. Obwohl die Überreste außerordentlich kostbar sind, beginnen sie leblos zu wirken, und darin gerade besteht ihre Faszination, denn wir erfahren an diesen unvollständigen Trümmern eine morbide Intensität; sie wirken wie nicht fertig geworden, zur Seite gestellt, bevor sie sich völlig entwickeln konnten. Das Bild zeigt den Menschen eines postkreativen Zeitalters, wie er inmitten von halb verschwundenen Kunstwerken anderer brütet, gebildet, aber paralysiert. Sollte er jemals selber etwas bauen und nicht nur die Konturen existierender Bauten mit seinem angesammelten Mobiliar verunklaren, dann werden dies kleine Gehäuse sein, deren Komplexität sich selbst vereitelt.

Das spätere holländische Stilleben erscheint manchmal wie ein Abkömmling der erklärungslustigen Bilder von Museen. Die Sammlung, der Schatz ist natürlicher und scheint mehr den Notwendigkeiten des Alltags zu entsprechen, wenn auch Einlaßstellen für die Kunst offenbleiben: etwa durch kostbares Tischgerät. Fremde Früchte und ausländische Gerichte erinnern an Reisen und ferne Länder. Zwischen dem Kabinett des Kunstkenners und der reichhaltigen Tafel hat ein kleineres Genre seinen Platz gefunden: Hier ist der Raum nicht mit Gemälden, sondern mit Eßbarem vollgestopft. Die Darstellung wirkt, noch mehr als bei den Inventaren der Kunsthändler, wie durch ein Guckloch betrachtet. Der interessanteste Vertreter dieser Kunst ist Gerard Dou. Auf seinen Gemälden von Geflügel- oder Fischläden droht einiges von dem lebendigen Inventar über den Rahmen des offenen Fensters hinauszufließen, durch das wir hineinblicken. Aale glitschen der einen Frau aus den Händen; ein knochiger Vogel pickt durch die Stangen seines Käfigs nach Körnern. Der Raum, in den wir hineinsehen, ist ein kleines Gefängnis, nicht anders als der Weidenkäfig; das Lebendigste, was dieses Bild suggerieren kann, ist, daß sich hier etwas kaufen ließe. Die Einzelstücke sind in einem neuartigen Sinn ausgestellt: das Gemälde ist ein Beutel oder ein Etui, dessen Inhalt verschwinden oder weggegeben werden kann. Das erklärt das Fieber, das solche Gemälde bei genauer Betrachtung hervorrufen; sie setzen den Wettbewerb des Habenwollens frei und geben uns das seltene Vergnügen des Verstoßes dagegen.

Auch einer der größten holländischen Maler dieses Zeitalters malt geschlossene Guckkästen des Privaten, aber bei ihm ist unsere Betrachtung

Gerard Dou:
Die Geflügelhändlerin
(London)

weniger interessegeleitet: Jan Vermeer analysiert einzelne Gegenstände, um unerwartete Strukturen freizulegen. Kein Wunder deshalb, daß er zu einem der Vorbilder des frühen 20. Jahrhunderts avancierte, denn kein anderer Maler vor dem Kubismus hat wie er die Welt vom molekularen Niveau aus gründlich neu zusammengesetzt. Simple Gebrauchsgegenstände des Alltags werden zu architektonischen Concetti, die man sorgfältig studieren muß, um sie richtig zu verstehen.

Manche bezweifeln, daß es Vermeer hauptsächlich um Strukturen ging, und meinen, daß sein Hauptinteresse bestimmten Lichtwirkungen galt. Der Maler sei geradezu manisch auf verschiedene Arten der Lichtbrechung fixiert, gewesen, das Funkeln vor allem. Andere glauben, daß diese flackernden Sinneseindrücke, wie sie sich in der Wirklichkeit vorfinden, nur den Vordergrund für eine durchgreifende De- und Rekomposition unseres Wissens darstellen. Das Resultat entspräche dann eher einem Lutyens als einem Photo – eine bewußte Stilisierung der sinnlichen Erfahrung, die diese auf eine zählbare

Anzahl von Kategorien zurückführte und daraus Arrangements schüfe, die mehr mit periodisch gebauten Sätzen zu tun hätten als mit freier Anschauung. Das heißt nichts anderes, als daß Vermeer die sinnliche Erfahrung abstrahiert, zur Unerkennbarkeit hintreibt, und daß wir ihn gerade um seiner Ablösung von der bloßen und selbstverständlichen Anschauung willen schätzen. Er schafft Probleme, wo es zuvor keine gab; schafft Vielfalt, wo zuvor Einheit war, er artikuliert das, was als gestaltlos galt. Vielleicht ist dies nicht die einzige und nicht die höchste Konzeption von Kunst; vielleicht ist es der Architektur näher als der Malerei, die nicht immer ängstlich darauf bedacht ist, uns den Zusammenhang der Dinge zu zeigen. Heute bezweifelt jedenfalls niemand mehr den großen Reiz, den eine Kunst der Dekomposition bietet, wenn sie uns verdeutlicht, wie die Dinge funktionieren oder wie der Geist beim Entschlüsseln solcher Vorgänge arbeitet.

Wir, im 20. Jahrhundert, halten uns als gleichsam hilflos Ausgelieferte an solche Dekompositionen. Uns sagen – unvermeidlich – jene Werke am meisten zu und erscheinen uns am heroischsten, die gegen zentrifugale Kräfte und unharmonische Zwänge in sich ankämpfen. Es gibt unterschiedliche Vorstellungen darüber, wo und wann dies alles begann und warum wir in eine solche Haltung verstrickt sind. Aber kaum jemand bestreitet, daß es sich tatsächlich so verhält.

Einen großen Teil der Schuld trägt sicherlich die Selbstentfremdung und Gewissenserforschung, die der Protestantismus beförderte und in der er sich ausdrückte. Viele Gemälde legen deutliches Zeugnis ab, wie Text und Wort sich des angestammten Orts von Bildern bemächtigten und dabei den Raum in einer Weise verflachen, die sich am Ende verderblich sowohl für die Malerei als auch für die Architektur erwies. Auf einem dieser Bilder sieht man den inthronisierten Eduard VI. neben dem Totenbett seines Vaters Heinrich VIII. und unter ihm den zusammenbrechenden Papst.

Es wäre unfair, eine derartige Propaganda mit ihren schlechten Manieren gegen die prächtigen Kunstschätze von der anderen Seite des Kanals ins Feld zu führen. Das bedeutete, Knittelverse gegen ein lyrisches Gedicht auszuspielen. Aber auf ihrer höchsten Stufe, etwa bei William Hogarth, bringt eine Knittel-Mentalität einen solchen Reichtum hervor, daß die Sezierer aristokratischer Sammlungen vor Neid erblassen. Man könnte sogar behaupten, daß nur die polemischeren Werke die mentale Fragmentierung, die sich in der Versammlung ganzer Galerien von Kunstwerken ausdrückt, wirklich ernst nähmen. Solche Galerien enthalten viel mehr, als man in Ruhe betrachten oder mit liebendem Blick genießen kann; sie scheinen eher ein Bollwerk zu sein, womit man anderes ausschließt.

Holztafeln und bemalte Leinwände scheinen auf intimere Bedingungen ausgerichtet, als die großen Hallen, die mit diesen kleinen Werken zugestopft sind, bieten können. Überschritt das Museum eine bestimmte Größe, wurde es zu einer Perversion dessen, was es barg, und leistete der Auflösung des Raums

Anonymer Meister des 16. Jahrhunderts:
Eduard VI. am Totenbett Heinrichs VIII.
(London)

und der De-Positionierung des Menschen im Universum weiteren Vorschub. War man enzyklopädisch, trug man immer das Risiko, sich zu verzetteln: Irgendwann im 16. Jahrhundert wurde es klar, daß die gleichzeitige Verfügung über alle Dimensionen eine Falle ist. Daraus gewinnen die meisten Kunstwerke seither ihre trauernde, romantische Intensität.

Ein übermäßiger Anregungsreichtum führte schließlich zu einer Fragmentierung des Geistes. Fast jede Wahrnehmung ist davon infiziert. Selbst ein so ferner und durch und durch unprotestantischer Künstler wie El Greco hat etwas mit der zerbrochenen Bildgestalt in dem Bildnis Eduards VI. gemein, wo sich die Beschriftungen disharmonisch anrempeln. El Grecos *Vertreibung der Wechsler* macht den Raum fließender und chaotischer, es ist wohl die größere Kunstfertigkeit des Malers: vielleicht sind die stärksten Ausdrucksqualitäten des englischen Bilds seiner künstlerischen Sorglosigkeit zu verdanken. Bei El Greco ist die Diskontinuität tiefer verankert, sie schafft Wirbel und Strudel in der Struktur der Realität, als wollte das Bild aussagen, daß zwar alle Erfahrung spiritueller Natur sei, aber zugleich nicht mitteilbar. Wenn man genau hin-

schaue, bestehe das Universum aus einer Myriade von Realitäten, die zwar
körperlich benachbart seien, aber dort, wo es wirklich zähle, so weit ausein-
anderlägen wie die fernsten Sterne.

Der Künstler könne sich zwar der Verbundenheit der Welt, wie wir sie
wahrnähmen und die eine Illusion sei, bedienen; niemand aber vermöchte den
darunterliegenden Zustand in seiner ganzen Nacktheit wahrhaftig abzubilden.
Wenn sich El Greco auf eine Einzelfigur konzentriert, zeigt er ihre Teile im
Kampf miteinander. Die Kleider fliehen vom Körper weg oder versuchen ihn
fortzutragen. Teile der Dekoration – zum Beispiel ein großes gesticktes Kreuz
– lösen sich auf oder brennen ein Loch in das Kleid; die Gegenstände
rebellieren in einer Weise, daß keiner sagen kann, wie es enden wird.

Religiöse *Inbrunst* ist wohl kaum der richtige Name für diesen Tumult, der
vor allem eine genießerische Darstellung von Konflikten ist, mit Häresie als
treibender Kraft. Die Formen des Sehens und Fühlens vervielfachen sich
schneller, als man sie unterdrücken kann. Der Kampf unterscheidet sich von
anderen Kämpfen, weil hier alle Positionen tief empfunden sind und Variation
hier kein Spiel ist, sondern ein kostspieliger und tödlicher Kampf.

In mehrfigurigen Kompositionen wird die Vision deutlicher: es bläht sich,
es stürmt, räumliche Aufwerfungen bilden sich, Raumkristalle, in die die
Beobachter eingeschlossen sind. Wie viele Bilder El Grecos *handelt* auch sein
Gethsemane-Bild vom gegenseitigen Nichtverstehen verschiedener Beobachter
oder fühlloser Figuren. In diesem Fall scheint ein überwölbendes Muster die
verschiedenen Beteiligten zu bergen, ohne daß sie davon wissen, und dem
altbekannten Ereignis eine unorthodoxe Auslegung zu geben.

Der größte Beweis dafür, daß das 16. Jahrhundert eine geologische
Umschichtung in der abendländischen Raumwahrnehmung erlebte, besteht
darin, daß so unterschiedliche Künstler wie El Greco und Pieter Brueghel d. Ä.
vergleichbare Merkmale einer zentrifugalen Organisation in ihren Bildern
aufweisen. Als Beispiele für zerfallende Strukturen beanspruchen einige frühe
Bilder Brueghels einen besonderen Platz. Der *Streit zwischen Karneval und
Fasten* erscheint formlos und antiarchitektonisch, aber man fühlt, ohne daß man
zunächst wüßte wieso, daß dies nicht zutrifft. Die Gestaltung ist radikal
dezentralisiert, besteht aus mehreren autonomen Ballungen, als hätte jemand
zehn Bilder in eines geschoben. Später verbindet Brueghel diese sinnesverwir-
rende Individualisierung des Bildraums mit größeren zentralen Kernen. Die
statischsten Beispiele sind seine Gemälde über das imaginärste aller Bauwerke,
den *Turm von Babel*.

Der zentrale Blickpunkt, den er gleichmütig und stur in die Mitte des Bildes
setzt, scheint ihm die Freiheit zu geben, im Detail die extremsten zentrifugalen
Kräfte ins Spiel zu bringen, eine fast unendliche Menge von Menschen und
Gebäuden, die von dem riesigen Ursprungspunkt ausschwärmt. Selbst wo er
scheinbar Monolithe anbietet, reißt er sie sofort wieder ein, indem er die

Pieter Brueghel d.Ä.:
Der Turmbau zu Babel
(Wien)

Unvollkommenheiten bei der Umsetzung großer (aller) Pläne bloßlegt. Er interessiert sich mehr für das, was herumliegt, anlehnt, abfällt, als für die großen Mauern selbst, die sich bis in den Himmel auftürmen. Brueghel ist ein Beobachter, der beim Anschauen der einzelnen Ziegelsteine anlangt und in jedem eine Einzigartigkeit entdeckt. Die Welt in einem Sandkorn, die Geschichte der Menschheit im Umlauf eines Groschens – Brueghel stellt dies mit weniger Verfälschung, mit wenigeren konventionellen Umwegen dar als jeder andere Maler.

Doch trotz der verschwenderischen Fülle von Ereignissen, von Leben, das überall seine Wurzeln schlägt, wo der Samen ausfällt, scheint es uns, als existiere darunter ein Muster, das zu lesen es uns an Fertigkeit mangelt. Das Universum ist ein so großes Gebäude, und seine Bewohner sind zu klein, um es als Einheit wahrzunehmen. Manchmal zeigt Brueghel diese Wahrheit noch deutlicher, etwa auf dem Winterbild *Jäger im Schnee*, einem Bild aus einer

Carel Fabritius:
Ansicht von Delft
(London)

Serie von Monatsdarstellungen. Hier sieht man eine skelettierte Landschaft – Baumstämme stehen als dunkle Säulen auf dem schneeweißen Untergrund. Die verschiedenen geometrischen Elemente kommen aber nie zusammen, außer im Kopf des Malers. Aus kahlen Bäumen und zugefrorenen Seen läßt sich keine Wohnstatt errichten. Auf Brueghels Bildern erscheint meistens die Unordnung lebendiger als die Ordnung, die doch bloß spekulativ bleibt.

Brueghel hätte wahrscheinlich an späteren Versuchen, das Innere des Raums nach außen zu kehren, seine Freude gehabt. Auf Carel Fabritius' kleiner *Ansicht von Delft* erscheinen die Ränder plötzlich leicht, das Zentrum aber gar nicht erreichbar, als flöhe es vor uns und suchte das Nichtsein. Wahrscheinlich wurde ein konvexer Spiegel benutzt, um dieses Bild zu malen. Manche glauben, es wurde für einen dieser Guckkästen angefertigt, wo es winzige architektonische Illusionen zu betrachten gab, doch schaut man dabei ins Innere, nicht nach draußen. Fabritius hat die herausforderndste räumliche Verzerrung geschaffen, geradezu einen Antikörper der Architektur: Die Objekte haben so sehr alle Sympathie mit dem Betrachter verloren, daß sie versuchen, den Ort zu verlassen, vor dem wir stehen.

Diese Darstellung menschlicher Selbstentfremdung wirkt gerade darum so schneidend, weil das Bild schon so alt ist. Mit der Zeit gewöhnt man sich zwar an solche Abwesenheiten, doch selbst bei Edgar Degas besitzen sie immer noch ein tragisches Potential, weshalb man die Bilder als optische Studien

Edgar Degas:
Ludovic Lepic und seine Töchter auf der Place de la Concorde (Kriegsverlust)

verharmlost. Degas' auf eindeutigere Weise radikale Bilder bieten eklatant
eingeschränkte Blickwinkel; eine Dame rekelt sich auf dem Sofa, wird aber
durch eine geradezu schmerzlich das Blickfeld begrenzende Tür betrachtet.
Oder jemand sitzt in einem dunklen Raum vor dem Fenster, und das aggressive
Sonnenlicht läßt die umgebende Wirklichkeit im Zimmer verschwinden. Degas
verbindet eine entspannte Technik, die manch einem nicht als Freiheit, sondern
als Affront erscheint (in Wahrheit aber einfach nur jugendliches Ungestüm ist,
nicht anders als etwa auch die japanische Kalligraphie), mit einer puritanischen
Strenge, die die Realität durch ein Nadelöhr zwingt.

Das schönste Bild von Degas setzen wir heute in Beziehung zu Berlin,
denn hier ging es im letzten Krieg verloren. Es zeigt ein Stück einer Pariser
Straße, sorgfältig ausgewählt nach dem Prinzip der Inkonsequenz, vergleichbar mit der Handlungsweise eines japanischen Prinzen, der nach langer
raffinierter Überlegung, welche Papiersorte er zum Schreiben wählen soll,
schließlich auf die feine Struktur eines verkohlten Blattes verfällt. Das Bild, das
übrigens auch das Porträt eines französischen vornehmen Herrn und seiner
beiden Töchter enthält, paßt tatsächlich besser nach Berlin als nach Paris. Die

167

deutsche Stadt ist für uns reinste Verkörperung der Leere im Herzen des großstädtischen Getümmels, als ob dann und wann die Realität in das Nichtsein fiele.

All diese Kompositionen von Degas zeigen eine urbane Welt, wo ein exzentrischer Gebrauch des Raums plötzlich Intensität hervorbringt. Trotz aller Kalkuliertheit treffen diese visionären Schnappschüsse die Netzhaut wie ein Schock: die mangelnde Proportion zwischen dem Vicomte Lepic und seinen beiden winzigen Töchterlein läßt sich niemals zurechtrücken, und genausowenig läßt sich die alarmierende Disjunktion der Blicke und Bewegungen aufheben. Bis hinein in die Familie entwickelt das moderne Leben zentrifugale Kräfte und schickt die unvorbereiteten einzelnen in verschiedene Richtungen aus wie verlorene Atomteilchen. Es ist ein Stück Bewegung, das zur Struktur eingefroren ist – eine überzeugungsmächtige Gebärde wird aus dem wenn auch ewig sich wiederholenden, aber doch eigentlich ganz belanglosen Überqueren einer Straße gewonnen. In einer Hinsicht läßt sich dieser Vorgang überhaupt nicht fassen: angehaltener Verkehr ist kein Verkehr mehr. Wie die Japaner, an die man bei Degas unwillkürlich denkt, hält der französische Maler getreu das mächtige Verlangen fest, die Zeit anzuhalten – *dieser Wunsch* ist verläßlich, und er ist architektonisch.

Im frühen 20. Jahrhundert wurde die Architektur – inspiriert hauptsächlich von Getreidesilos und Fabriken – abstrakter. Sie vermied offensichtliche Bildlichkeit, vermied Ornamente und gab auch andere wichtige Zeichen auf, mit denen Gebäude sonst ihren Zweck kundgetan hatten. Piet Mondrian entspricht dieser Haltung in der Malerei. Er versucht, *reine* Struktur zu erreichen, indem er sich auf einfache Flächen und deren Verteilung konzentriert und alles andere ausschließt. Nach vielen Bildern mit der Intimität häuslicher Innenräume malte er die Serie *Broadway Boogie Woogie*, die an ein Gitternetz von Straßen erinnert, mit jazzartigen Synkopen für das Stoppen und Starten und schrille Hupen der Autos.

Vielleicht geben Mondrians frühe Bilder nicht gerade den verläßlichsten Maßstab für die Bedeutung seiner späten ab, trotzdem gibt die Betrachtung dieser Entwicklung, die mit zahmen Jugendstillandschaften anfing, interessante Aufschlüsse. Der junge Mondrian isoliert meist ein einzelnes Objekt – eine Kirche, eine Sanddüne, einen knorrigen Baum – und stellt es vor einen neutralen Hintergrund, als wäre es gerade hereingekommen oder als einzelnes ins Bewußtsein getreten. Damit kann er sich klinisch rein auf komplexe Form in Isolation konzentrieren. Dieses Aseptische war es, welches schließlich das Publikum gegen die puristische Architektur aufbrachte, die wie eine Serie von Krankenhäusern wirkte und den Schmutz und die Improvisation ihrer industriellen Vorbilder leugnete.

Dem gleichen modernistischen Vokabular waren auch Arbeiten verpflichtet, die eher an Monet als an Mondrian erinnerten, wie das Haus des

Architekten Philip Johnson oder der *Barcelona-Pavillon* von Mies. Sie benutzten den Minimalismus dieses Stils, um die Wirkung von Feuchtigkeit oder Transparenz zu erzielen, sie entwarfen Gebäude, die schimmerten oder gleichsam verschwanden. Scharfe Kanten waren hier keine selbstbewußten Aussagen, sondern Vorboten von Unsichtbarkeit. Um eine architektonische Schule zu gründen, war dies alles vielleicht zu nebulös, es wäre aber sicher spaßhaft gewesen zu sehen, was eine konsequente Weiterverfolgung dieser Ästhetik der Seerosenteiche dem soliden Bauen gebracht hätte.

Denn selbst die kaum zentrierten Bilder Monets sind weniger knochenlos, als es den Anschein hat, obwohl sie, als sie neu waren, eine lose, desorganisierte Ansicht von der Welt vertraten, die zwar vorgab, naturgemäßer zu sein, aber trotzdem von einem unterliegenden Raster abhing. Wollten wir der formalen Innovation der Seerosenteiche architektonisch etwas Vergleichbares an die Seite stellen, müßten wir auf die Orientierungsachse Dach/Fundament verzichten, die so stark bestimmt, wie Häuser aussehen (und wie sie sind). Und wir müßten eine kleine Zahl von Betonungen setzen, die die Symmetrie knapp verfehlten; denn dies wäre am beunruhigendsten: weder eindeutig regelmäßig noch wirklich regellos.

Das klingt wie ein abstraktes, völlig ungegründetes Programm für die Architektur; wenn wir aber davon ausgehen, daß die Künste voneinander lernen, wären dann nicht gerade die widerspenstigsten, schwer assimilierbaren Entdeckungen in einer Nachbarkunst die größte Herausforderung? Wo gibt es denn Gebäude im 20. Jahrhundert, die so zwingende architektonische Effekte erzielten wie Monets Bilder von endlosen Teichen mit verschwimmenden Grenzen und von ungewisser Tiefe, wo sich Pflanzen in Wolken und Spiegelungen in feste Körper verwandeln? Es wäre eine Architektur der Illusion, wo man sehr überrascht und verwirrt wäre, wenn man endlich jene sonderbaren Flüssigkeiten und Gase als Glas und Marmor identifizierte. Nach Gebäuden würde das gar nicht mehr aussehen. Aber genau dieses ist – anders als heute immer behauptet wird – eine der wichtigen Eigenschaften dieser Kunst: aufregende Fiktionen zu bieten und bekannte Dinge so zu zeigen, daß man sie – auch wenn man sie gerade sieht – für gänzlich unmöglich hält.

Unbaubares

Manche behaupten, unbaubare Gebäude gäbe es nicht, lediglich noch nicht gebaute. Doch selbst wenn wir grobe Verstöße gegen das Gravitationsgesetz und andere Naturgesetze ausnehmen – trägerlose Spannbrücken von 4 km Länge oder Bürobauten, die höher hinaufragen als die Atmosphäre –, gäbe es immer noch genug interessante Entwürfe, deren technische Verwirklichung sich als fatal erwiese. Viele unbaubare Bauten dieser Art wurden tatsächlich gebaut, man kann sie besichtigen: Gebäude, wo eine notwendige Dehnungsfuge die geschwungene Kurve abschnürt, die doch den Reiz des ganzen Entwurfs ausmachte. Wollte man erschöpfend vorgehen, würde man die Entwürfe mit den fertiggestellten Bauten vergleichen und erhielte eine reichhaltige Sammlung von Beispielen, die auf dem Papier weit besser aussähen als gebaut.

Das hieße aber, das Konzept zu sabotieren, denn so absolut war es doch gar nicht gemeint. Vielleicht läßt sich wahre architektonische Unmöglichkeit gar nicht von dem gesellschaftlichen Entschluß zum Bauen trennen. Eine Liste von Architekten, die nichts gebaut haben, enthielte so wichtige Namen wie Friedrich Gilly. Wie könnte man je sicher sein, daß es nicht weitgehend einem ungünstigen historischen Zufall zuzuschreiben ist, daß solche Künstler als Architekten nicht in Erscheinung treten konnten?

Keine andere Kunst ist auch nur in entferntem Sinne ähnlich verwundbar. Edmund Spensers *Faerie Queene* oder Geoffrey Chaucers *Canterbury Tales* sind große Beispiele für ungebaute oder halb fertig gebaute literarische Werke. Sie blieben unfertig, weil ihre Dichter keine Zeit oder keine Lust mehr hatten, sie zu vollenden; sie waren aber nicht von großen Summen anderer abhängig, die dann ausblieben.

Bei keiner anderen Kunst läßt sich sagen, daß sie auf zweifache Art existiert: als Entwurf auf dem Papier und als Bauwerk aus Stein und Ziegel. Dem am nächsten käme noch die Malerei, wenn man behauptet, die ersten Skizzen eines Rubens, Constable oder Picasso seien stärker als die ausgeführten Gemälde, was auf der romantischen Vorstellung beruht, die Ideen eines Künstlers seien am besten, wenn sie am jüngsten oder am primitivsten sind, als Kinderzeichnung oder als Skizze.

Aber auch wenn man eine solche Ruinen-Ideologie bezüglich der entstehenden Werke einmal beiseite läßt, überkommt einen das Gefühl, daß eine Idee des Unbaubaren, die dieses nur auf fehlende technische Mittel, auf Unwissenheit, und auf sonst nichts, zurückführt, unerfreulich roh ist. So wie es viele Gebäude gibt, die unmöglicher aussehen, als sie tatsächlich sind (etwa das extravagante *Gotische Gewölbe*, das kleinste Gebäude von Ledoux), gibt es auch Entwürfe, die von vornherein als Fiktionen angelegt waren. Würde man die Phantasien des Illustrators der *Hypnerotomachia* bauen, was in

170

mancher Hinsicht nicht unmöglich wäre, hätte man so etwas wie den Film zum Buch. Ein Garten, der mit diesen Baumonstren (von gar nicht übermäßiger Größe) angefüllt wäre, wäre nichts als ein recht interessantes Mißverständnis.

Die auf den Seiten der *Hypnerotomachia* enthaltenen Doppeldeutigkeiten ließen sich allerdings schwerer in Gebautes umsetzen: Gezeichnete Linien lassen sich gleichermaßen als Fassade oder als Grundriß lesen – entweder als eine von einem Obelisken bekrönte Pyramide oder als ein Weg, der auf einen Punkt zuführt, mit großen leeren Räumen zu beiden Seiten.

Kenner könnten behaupten, daß einige der interessantesten tatsächlich vorhandenen Bauwerke in einem ganz ähnlichen Sinne fiktional wären, indem sie eine unermeßliche Ausdehnung vorspiegelten oder auch einfach viel mehr Platz einnähmen, als sich rational irgend rechtfertigen ließe. Es gibt genug Innenräume, die viel zu groß sind für jede denkbare Menschenmenge oder jegliche andere nur vorstellbare Nutzung. Keiner denkt hier je an eine Fiktion. Ein Justizpalast oder eine Kathedrale, deren Mitte *nicht* leer wären, würden höchst seltsam anmuten.

Die gelegentliche Fiktionalität wirklicher Gebäude ist nicht so weit entfernt von der undarstellbaren Architektur in einigen Texten Kafkas, wie in «Vor dem Gesetz» oder «Eine kaiserliche Botschaft». Man könnte sogar mit all den Gebäuden beginnen, die sich denken, aber nicht darstellen lassen, wie diese zentripetalen und zentrifugalen Unendlichkeiten in Kafkas Worten. Sind das nur Tricks des Maßstabs oder der großen Zahl? Zur Unmöglichkeit gehört sicher mehr als Kolossalität und sinnlose Vervielfachung.

Unter allen Künsten ist es einzig die Architektur, die den Maßstab kontinuierlich enttrivialisiert, obwohl sie ihn nicht entrelativieren kann. Die Größe des menschlichen Körpers ist für die Literatur und selbst für die Musik nicht sehr bedeutungsvoll. Wenn wir vom Umfang eines Romans sprechen, meinen wir seine Länge; eine Symphonie hingegen füllt Raum und Zeit aus. Nicht nur Erich Mendelsohn hat Musik als eine Abfolge von Strukturen erlebt, die nach einer Logik wachsen, zusammenbrechen und wiedererrichtet werden, die einem Architekten nicht verfügbar ist.

Wesentlich ist für die Architektur, daß der Betrachter selber maßstabsbildend ist, daß er – genau wie der Bewohner – ein idealer Rivale des betrachteten Baus ist und ihn nicht nur daraufhin prüft, ob er ihm angemessen sei, sondern auch, ob er ihm das rechte Maß gebe. Der Maßstab mancher Idealentwürfe der Renaissance indiziert, daß sie eine Art von Spielzeug bleiben; unter den Händen von Michael Graves aber gibt sich eine Anzahl winziger Studien für eine Fassade als Serie von Zeichnungen aus, vergleichbar der vom ersten Einfall zum fertigen Bau. Bei seinen Bauten allerdings fällt er diesen wie lebendig wirkenden Formen in den Rücken; denn ihre Wirkung hängt von der Spielzeuggröße ab, in der sie gezeichnet sind, und ihre ganze Unbefangenheit ginge verloren, wenn man je wirklich um sie herum oder

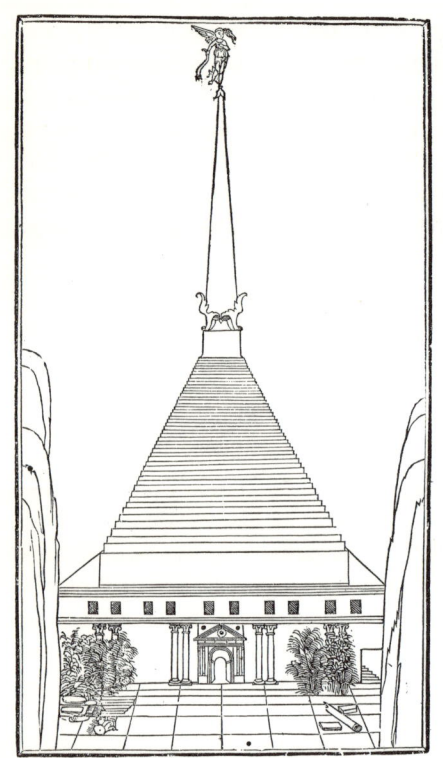 

Links: Holzschnitt aus der *Hypnerotomachia Polifili*, 1499.
rechts: Skizzen für das *Portland Building* in Portland, Oregon
von Michael Graves.

zwischen ihnen hindurch laufen müßte. Das Problem ist, daß sich solche Zutaten am leichtesten aus dem Entwurf herausstreichen lassen, weil sie immer symbolisch sind und auch dann noch nur Abbilder von Gebäuden bleiben, wenn sie dreidimensional vorliegen. Deshalb fiel die kleine Sammlung, die er für die Spitze des *Portland Building* vorgesehen hatte, einfach weg. Man hatte nicht erkannt, daß diese Charaktere, wie bei einem noch zu inszenierenden Schauspiel, den eigentlichen Schlüssel für Graves' Entwurf boten: das Leben als ein Spiel der Verwandlungen, eine höchst eigenwillige Vorstellung von Geschichte, die bei ihm jedoch die Strecke vom Skizzenbuch zum fertigen Bau nicht übersteht.

Der einzige Ort (außer dem Skizzenblatt), wo sich der Fluß der Erfindungen häufig bis in die Gegenwart des Betrachters erstreckt, ist der Landschaftsgarten. Das ist auch der einzige Ort, wo man sonst noch *kleine* architektonische Unmöglichkeiten finden kann. In einer vollendeten Landschaft verstreute oder wie Juwelen versteckte Gebäude können Episoden in einem Drama sein, oder auch Variationen über ein einziges Thema, die, wie Graves' Suche nach der besten Fassade, zu einem lebendigen Cartoon werden, der praktische Entscheidungen nur noch schwieriger macht. In Gärten allerdings ist es anders, man erwartet hier beides und kann deshalb hier Dutzende rivalisierender Versionen von idealen Wohnstätten errichten, oder von Schildkrötenpanzern oder von Wer-weiß-nicht-was; die Architekten und ihre Kunden finden, wenn sie mit der Endlichkeit von Bauten unzufrieden sind, in den Gärten die unmögliche Freiheit des Wählens und Nichtwählens.

Es gibt Orte für die Unentschiedenen, die eine Vorliebe für das Virtuelle, nicht für das Wirkliche haben; sei es für eine Vision, die, auch wenn sie die ganze Landschaft durchdringt, in ununterscheidbare Einzelheiten zerfällt, sei es für eine Unendlichkeit, die man mit einem einzigen Absprung erreicht, in einem alles verschlingenden Bild. Jedoch hängt eine überraschende Anzahl von Visionen von unterschwellig vorhandenen Erzähltexten ab, die Schritt für Schritt wie ein Garten erwandert werden müssen. Étienne-Louis Boullée, einer der rücksichtslosesten Verfertiger von Unendlichkeiten, gewinnt seine Wirkung oft dadurch, daß er die verschiedenen Sandkörnlein genau bestimmt, die zusammen seinen Strand bilden. Manche Leute glauben, daß eine Vorstellung, die sich nur in Perspektiven ausdrückt, nicht architektonisch genannt werden kann; und vielleicht bewohnt Boullée in der Tat ein Hinterland, wo sich Literarisches und Visuelles überschneiden.

Einer seiner sprechendsten Entwürfe ist der für die Königliche Bibliothek. Die Seiten eines enormen Tonnengewölbes, das an beiden Seiten offen ist wie ein Stück Abflußrohr, sind mit Reihen von winzigen Büchern versehen. Wie in der Mathematik bricht Boullée den Raum in eine Zusammenfügung von vielfachen Ganzen auf; auch die Decke des Gewölbes ist in gleichartige, sich wiederholende Kassetten in Buchform unterteilt. Auf diese Weise wird der Betrachter dazu gebracht, die Ewigkeit als Aufeinanderfolge von Sekunden zu erleben, wobei die vielen kleinen menschlichen Figuren den Weg entlang den Reihen verlangsamen. Dann wird uns schlagartig bewußt, daß dieser Raum noch mehr Erfahrenswertes enthält als die körperlichen Eigenschaften jedes einzelnen der getrennten Dinge. Man muß sich nur vorstellen, eines der Bücher dieser Bibliothek zu lesen: Die ganzen Zahlen, die es hier gibt, sind nicht bloße Momente, sondern einzelne Leben; jedes vermag auf sich selbst zurückzuführen, weitet so die Erfahrungsmöglichkeit in dieser Bibliothek in unmögliche Dimensionen und läßt den imaginären Leser vor jedem einzelnen Buch verharren.

Hier wird immerhin noch vorgespiegelt, daß der Raum einen praktischen Zweck besäße, wenn auch die Bücher, die uns zu Zwergen machen, ihrerseits angesichts des leeren Gewölbes verzwergen.

Boullées *Kenotaph für Newton* ist vollkommener, weil er erfolgreich jeden Versuch einer Nutzung abweist. Es ist der großartigste unbenutzbare Raum,

Etienne-Louis Boullée:
Entwurf für die Königliche Bibliothek,
1785.

der jemals imaginiert wurde, eine Kuppel, die ihre Erfüllung unter sich hat, in einer zweiten, ihr antwortenden Wölbung. Sich diesen Entwurf als zwei halbkugelförmige Gewölbe vorzustellen, scheint eine umständliche Annäherung an die Tatsache, daß es sich einfach um eine Hohlkugel auf einer schweren Basis handelt. Die Basis verschwindet, sobald man das Innere betritt. Obwohl die Form in mancher Hinsicht einfach ist, bleibt das Gebäude selbst raffiniert. Es hat seine architektonischen Vorläufer in Kuppelbauten, und als Bauaufgabe zerfällt es in einzelne Phasen. Ein Kenner hat sogar gemeint, das raffinierteste Vergnügen, das dieses Projekt bieten würde, bestünde darin, sich das Gerüst vorzustellen, das man brauchte, um den Bau zu errichten. Daß Boullée keine Zeichnungen für eine solche Maschinerie hinterließ, verrät sein geringes Interesse am Prozeßcharakter des Bauens. Vielleicht wollte er auch eine Vollkommenheit, die ohne kleinliche Einrüstung zuvor auskäme.

Immerhin hatte er sich vorgenommen, das Universum zu repräsentieren; und er erreichte mehr, als bis dahin zwischen der Realität und dem nackten Auge des Betrachters möglich war. Die kühnste Anspannung seines szientifischen Ehrgeizes lag in den Inversionen; er machte den Tag zur Nacht und die Nacht zum Tage. Die kleinen Löcher im Gewölbe, die das Tageslicht herein-

174

Etienne-Louis Boullée:
Entwurf für das Denkmal Sir Isaac Newtons,
1784.

lassen, werden von dem Betrachter, der unten in der Hohlkugel steht, als Sterne wahrgenommen. Nachts, wenn diese Sterne dunkel bleiben, erhellt eine künstliche Lichtquelle im Zentrum das ganze geschlossene Universum. Natürlich hat sich Boullée keine Gedanken darüber gemacht, wie groß die Öffnungen sein mußten, um von unten, aus über hundert Metern Entfernung, noch wahrgenommen werden zu können, oder welche Verzerrungen in dem Himmelsmuster dadurch entstehen würden, daß die Öffnungen nicht auf die Fugen treffen durften. (In Boullées Entwurf ist der Kenotaph aus Mauerwerk, moderne Entwürfe würden Stahl verwenden.)

Das Ganze ist perfekt, weil alle bauliche und ingenieurtechnische Fertigkeit eingesetzt wird, um einen günstigen Standpunkt zur Betrachtung einer noch größeren Ingenieurleistung zu finden, des Himmels. Das «Gebäude» besteht aus einer kleinen Aussichtsplattform (nicht gerade ein Punkt in wörtlicher Hinsicht), der den Besucher auf eine gewaltige, aber gebundene räumliche Erfahrung ausrichtet. Unser Verhältnis zur Architektur wird unserem Verhältnis zum Himmel gleichgesetzt. Obwohl es sich erkennbar um eine menschliche Leistung handelt, entzieht es sich uns fast gänzlich; so als wollte es sagen, daß Newtons bedeutende Entdeckungen für die Masse der Menschheit unverständlich bleiben müßten.

175

Christopher Wrens *Großes Modell* für St Paul's –
nach Meinung mancher der bedeutendste Bau des 17. Jhs,
obwohl es ungebaut blieb.

Jahrhundertelang war das Errichten einer großen Kuppel der Traum jedes Architekten. Vielleicht waren die letzten, denen die Erfüllung versagt blieb, Edwin Lutyens und Albert Speer, die jeder auf andere Art vom letzten Krieg daran gehindert wurden. Seither sind Wolkenkratzer und nicht Kuppelbauten die bauliche Form für Anmaßung.

Christopher Wrens erste Entwürfe für St. Paul's sind viel reinere Architektur als das, was er schließlich bauen durfte. Sein Kuppelbau auf einem Zentralgrundriß glich einer ganzen Welt, und das ist wohl mehr, als einem Gebäude zugestanden wird. Mit dieser Idee gelangte er nur bis zu dem fünf Meter großen *Großen Modell*, weit genug, um einige Enthusiasten glauben zu machen, *dieser* Miniaturbau sei der beste Bau dieses Jahrhunderts. Schon ein einziger Blick darauf verrät, wieviel kosmischer die tatsächlich gebaute Kuppel wirken würde, wenn sie sich über einem symmetrischen Unterbau erhöbe. Die gleitende konkave Wölbung der Wände antwortet auf mysteriöse Weise der konvexen Krümmung der Kuppel, ein Drehen und Wenden ein und derselben Idee, der unwiderstehlichsten im gesamten klassischen Repertoire.

Heute sind Kuppelbauten auf den Schutthaufen der verrückten Erfindungen verwiesen. Sie finden sich gerade noch bei Leuten wie Buckminster Fuller oder wölben sich hoch über Weltausstellungen und anderen großen Zentren der Frivolität wie *Epcot Land* in Florida – nur um noch weiter herunterzukommen.

Thomas Telford plante *London Bridge* als Spannbrücke;
ausgeführt hätte der Ingenieurbau
St Paul's die Schau gestohlen.

Schon ein Jahrhundert nach Christopher Wren zeichnet sich ab, daß grandiose
Geometrien aus den Händen der Architekten in die Hände der Ingenieure
übergehen. Zum Ersatz für *London Bridge* schlug Thomas Telford einen einzigen
Bogen vor, mit einem höheren Profil, als es ein Bau bisher jemals hatte oder in
Zukunft haben sollte.

Die bezeichnendste Ansicht, von einem sehr niedrigen Standpunkt aus,
zeigt, wie die Brücke die Kuppel von *St. Paul's* einbettet. Telfords Brücke mit
ihrem angedeuteten Kreis würde die gesamte menschliche Welt klein machen.
Sie übertraf bei weitem den größten gebauten Kreis, den man von ihr aus
sehen konnte, die Kuppel der Kathedrale, die zu dieser Zeit naturgemäß zu
einem Maßstab geworden war, an dem sich kulturelle Erscheinungen messen
ließen. Seit Telfords Zeiten haben Brücken und Straßensysteme der Architektur
viel an Größe und Eindruck abgestohlen. Sie sind heute das Grandioseste,
was der Mensch hervorbringt. Besser als die Werke der Architektur verherrli-
chen sie den metaphysischen Anspruch der Technologie, die sich selbst als ein
visionäres Medium zur Verwirklichung der kühnsten Träume versteht.

Während der frühen Moderne ging visionäre Technologie in persönlichen
Expressionismus über, und so gab es bei manchem Architekten ein Nebenein-
ander utopisch-szientifischer und obskurantistischer, unterschwellig antiszienti-
fischer Haltungen – oder zumindest ein Nacheinander in den verschiedenen
Perioden ihres Schaffens. Eine Anzahl deutscher Architekten des zwanzigsten
Jahrhunderts folgten dieser zweistufigen Entwicklung; von einem romantischen
Mystizismus wendeten sie sich dem Rationalismus zu, und am Ende ihrer
Laufbahn – in einer fruchtlosen Suche nach ihren Anfängen – gingen sie den
Weg teilweise wieder zurück.

177

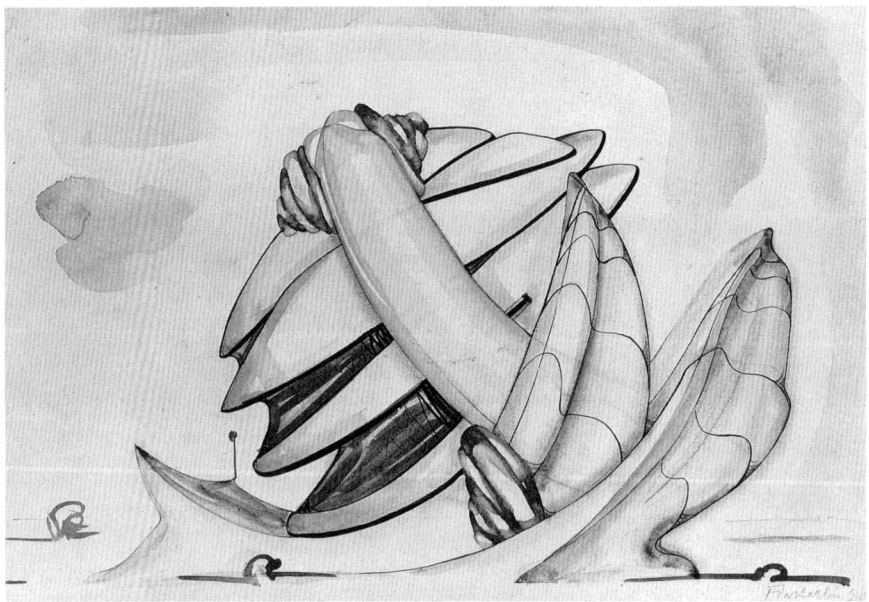

Hermann Finsterlin:
Entwurf eines Fantasiegebäudes,
farbige Skizze.

Der radikalste aller Expressionisten, auch wenn er niemals irgend etwas baute, war Hermann Finsterlin. Seine phantastischen, karbunkularen Studien sind die unteilbarsten und undurchschaubarsten «Gebäude», die jemals erdacht wurden, sie sind im emphatischsten aller Sinne unbaubar. Es gibt sie in verschiedenen Formen: als perspektische Zeichnungen, als unförmige Modelle, als Grundrisse. Die Perspektiven sind mit Farben leicht angehaucht, sie wirken wie entzündet, sie wachsen sich aus zu beinahe schönen Abszessen, geschwülstig, schwanger, organisch, eine Vermischung von pflanzlicher Verwurzelung und animalischen Gliedern. Finsterlin bezeichnet diese Gebilde fast unterschiedslos als Kirche, oder als Universität oder als Mausoleum. Jedes erfüllt eine Funktion mit hochsymbolischem Gehalt, jedoch völlig unspezifisch. Wenn man versucht, sich die Aufteilung des Innenraums vorzustellen, merkt man schnell, daß diese Fragestellung völlig verfehlt ist.

Wir erhalten sichere Beweise dafür, daß diese Bauten ganz bewußt imaginär sind, wenn wir uns Finsterlins Grundrissen zuwenden. Sie zeigen genau die gleiche Gestalt wie die Perspektiven, nur daß hier die Blattformen, die dort dekorative Schlußornamente bilden, zu splitterhaften Räumen werden, die am Ende eines enger werdenden Körperglieds auflaufen. Grundriß und Perspektive werden nicht zueinander in Beziehung gesetzt, wie dies bei

Hermann Finsterlin:
Entwurf eines Fantasiegebäudes,
Grundriß.

Architekturzeichnungen die Regel ist, wo beide Formen voneinander abhängen und jede für sich keinen vollständigen Sinn ergibt.

In seiner unbestreitbaren Unverantwortlichkeit schiebt Finsterlin die Grenzen, die der Architektur gesetzt sind, weiter hinaus; nicht in den Grundrissen, wo das simple Mißverständnis herrscht, sie seien Bilder, aber in den Umrißzeichnungen. Freier als die meisten Skulpturen beginnen sie einfach an einem Ende, fragen sich dann, wohin sich das Bauwerk wohl entwickeln will, und lassen sich von der Überlegung, wie man das wohl konstruiert, nichts vorschreiben. So entstehen also weder gerade Linien, noch steht irgend etwas auf dem Boden auf. Und obwohl Finsterlins Resultate höchst organisch wirken, gab es nie einen so unsymmetrischen und abwegigen Organismus. Seine Gebäude sind eher Teilstücke oder Scheibchen von Organismen oder wuchernde Klumpen einfacher Lebensformen, wie Bakterien, Pilze oder Algen. Deshalb wirken auch die elegantesten unter ihnen ungesund und parasitär, wie Auswucherungen und nicht wie gesunde Körper.

Um sie zu bauen, bedürfte es der abwegigsten Methoden, die völlig im Widerspruch zu ihrer Gestalt ständen: Man müßte den Entwurf zunächst sorgfältig in Abschnitte zerlegen, dann jeden einzelnen für sich ausformen und schließlich alles höchst unrühmlich zu einem Ganzen zusammenschweißen – dieses Szenario verdeutlicht, wie sehr Finsterlins Entwürfe reine Papierarchitektur sind.

Erich Mendelsohns berühmte Rohrfederskizzen auf winzigen Papierchen – Bahnhöfe, Fabriken oder Kinos, die wie chinesische Buchstaben aussehen – sind wesentlich weniger unwahrscheinlich. Er zeigt sie dem Betrachter immer

179

Erich Mendelsohn:
Entwurfszeichnungen für eine Fabrik
und der *Einsteinturm* in Potsdam.

in der Diagonale, was stets die Symmetrie, die stets in der Breite, nicht in der Länge gegeben ist, teilweise versteckt. Das Neue ist, daß diese Entwürfe sich eher wie ein Fahrzeug, nicht wie ein Gebäude organisieren. Sie scheinen vorwärtszustürmen oder, nicht weniger unwahrscheinlich, plötzlich zu bremsen, um zu der unbewegten Position zu gelangen, wie sie einem großen Bauwerk geziemt.

Es scheint fast schimpflich, dieses Übersprudeln feuriger Ideen unter Vorbehalt zu betrachten, aber es ist doch ernüchternd, zu wissen, daß Mendelsohn nur einen dieser Entwürfe baute und sich danach zunehmend einer rationaleren Programmatik zuwandte. Zweifellos ist der *Einsteinturm* das Mitreißendste, was er je baute; der Bau war aber fast von vornherein dazu verdammt, der einzige seiner Art zu bleiben – man mußte nur erst erkennen, wie mühselig und kostspielig die Errichtung einer solchen Skulptur der Spontaneität wirklich ist.

Wie bei den spielerischen *jeux*, die er an der russischen Front unter schwierigen Bedingungen skizzierte, handelt es sich hier um eine gelungene

Maschine in geschwinder Bewegung, mit schwingenden und schleppenden Ecken, bestehend aus einer komplexen Abfolge von Krümmungen. Dieses wirkungsvollste Stück erzählender Architektur ist ein genau zugeschnittertes Zeitereignis: es besitzt seinen Anfang, seine Mitte und sein Ende, und alles ist der Aufgabe, die Geschichte des Universums zu enthüllen, symbolisch angemessen. Der Himmel erscheint statisch, stürmt aber tatsächlich vorwärts und erfährt dabei Veränderungen. Mendelsohns Turm vermittelt die Begeisterung, die der Architekt empfing, als ihm ein naturwissenschaftlich gebildeter Freund die Grundlagen der Einsteinschen Relativitätstheorie nahebrachte. Er ist seine Hommage an die Instabilität der Materie, ihre Umwandelbarkeit in Energie, und er sagt die Höherwertigkeit der Geschichtlichkeit der Dinge gegenüber ihrer bloßen physikalischen Dichte kraftvoll aus.

Es ist eine Sache, einen Tempel des Forschertums zu errichten, und es bedarf großer Mühen, die darin verborgene Poesie auszudrücken; ein anderes ist es, eine adäquate Lösung für eine Hutfabrik oder ein Warenhaus zu finden. Man könnte behaupten, Mendelsohn sei, indem er sich bei den folgenden Aufgaben von der extravaganten Programmatik des *Einsteinturms* abwandte, nur treu seiner jeweiligen Aufgabenstellung gefolgt. Im Vergleich dazu erscheint Finsterlins Inflexibilität, die jedes Gebäude zu einem Denkmal seiner eigenen Träume machte, worin alle Funktionen gleich aussehen, als zutiefst unorganisch.

Wichtiger aber war wahrscheinlich, daß die Erfahrungen beim Bau des Turms mehr als ernüchternd wirkten. Mendelsohn mag zu der Überzeugung gelangt sein, daß solche Architektur einfach nicht ausführbar ist. Photographien aus der Bauzeit belegen, wie umständlich der Weg war, um ein einfaches Ziel zu erreichen, jenes geschlossene, kraftvolle Bild von Bewegung. Unterbau und Turmkuppe sind aus Beton, wie es schon der Anblick glauben macht. Doch der Abschnitt dazwischen ist aus Ziegelmauerwerk errichtet, das sich nur plump und mühselig der intendierten windschnittigen Gestalt annähern läßt. Das Mauerwerk wurde dann äußerst sorgfältig verputzt, um die Spontaneität des Entwurfs wiederherzustellen. Je mehr man über den Bauprozeß dieses Turms weiß, um so bildhafter erscheint er. Andererseits kann ein besseres Verständnis der inneren Struktur zu einem Respekt führen, wie man ihn dem menschlichen Körper entgegenbringt, der das Skelett verhüllt, dessen exakte Form aus äußeren Anzeichen kaum erschlossen werden kann.

Nach Photographien beurteilt, besteht eine der großen Enttäuschungen bei diesem Turm in der Zahmheit der Innenräume, die so weit wie möglich an die übliche Geometrie von Innenräumen angenähert wurden. Da gibt es keine organischen Höhlungen, die aus der Überschneidung und dem Kreuzen von Knochen und Knorpel hervorgehen, keine Tunnel, die wie lebendige Wege durch die Substanz des Baus führen, sondern statt dessen enge und unbequeme Nachbildungen derselben viereckigen Räumlichkeiten, zu denen man sehr viel einfacher gelangt.

Es ist leicht einzusehen, warum das Gebäude, das ein machtvolles Bild ist, nicht funktionieren kann. Warum sollte es auch eine Korrespondenz zwischen der symbolischen Darstellung der Funktion und dem für diese Zwecke tatsächlich benötigten Raum geben? Je effektiver und genauer zudem der Symbolismus ausfällt, um so unübertragbarer wird er auf jedes zukünftige Bauwerk. Der wahre Purist unter den architektonischen Symbolisten würde bei jedem neuen Auftrag wieder ganz von vorn anfangen. Ein paar Architekten scheinen dies tatsächlich zu tun. Bruce Goffs zahlreiche Arbeiten sehen einander am wenigsten ähnlich. Vielleicht ist diese Vielfältigkeit nur ein Code, den es zu entschlüsseln gilt, um zu entdecken, daß sich hier ein und dasselbe Prinzip immer wiederholt. Wahrscheinlich findet sich das Geheimnis in den Grundrissen: alle sind radial, alles geht aus einer Anzahl von Knotenpunkten hervor.

Weil kein klarer Zugriff einer kontrollierenden Vorstellung spürbar ist, erscheinen seine Bauten hochgradig arbiträr, und deshalb wirken sie unmöglich – etwa das Haus eines Truthahnzüchters in Gestalt eines Truthahns. Auf der Oberseite ist dieses Haus hellorange verkleidet, als wollte es anderen fliegenden Tieren sein Dasein kundtun. Auch dieser Truthahn liegt – wie die meisten Entwürfe Goffs – nicht einfach nur bewegungslos in der Landschaft herum: die Ecken seines Dachs heben sich, als handele es sich um einen Drachen, den der Wind trägt, oder um einen seltsamen chinesischen Import. Die Bildlichkeit, die der Natur entnommen wurde – die Vogelgestalt, aber auch die Wände, die in den Boden zu versinken scheinen, wie bei einer Sandburg, die Kinder am Strand gegraben haben –, ist durch den Filter der Populärkultur gegangen und macht einen uneinheitlichen und etwas stillosen Eindruck. Die kakophonen Einflüsse bringen zusammen ein weiches, etwas keckes Produkt hervor, das ob seiner Verwegenheit selbst ein wenig schockiert zu sein scheint. Wie konnte es nur so weit mit mir kommen? scheint sich das Bauwerk zu fragen.

Oberflächlich gesehen sind das unmögliche Bauten. Sieht man sie sich aber im Detail an, bemerkt man, daß sie in einzelnen Schritten sorgsam errichtet und dann erst mit einer Menge kleiner, dissonanter Erfindungen überkrustet wurden, die nur deshalb nicht verrrückt wirken, weil sie so offensichtlich ehrbar sind. Daß der Architekt gewillt war, die Bedürfnisse seines Kunden zu erfüllen, mag für diesen zunächst schwer erkennbar gewesen sein – das entscheidende ist jedoch, daß er seine Exzentrik in deren Dienst stellen und dem Kunden – auf seltsamen Abwegen, bis das Ganze zu einem Monstrum aus einem Traum wurde – genau das geben wollte, wonach er im Innersten verlangte, ohne darum zu wissen.

Es wäre durchaus einmal lohnend, die Gebäude zu sammeln, die versuchen, anders auszusehen als Gebäude. Eines der wagemutigsten Exemplare ist Jean-Jacques Lequeus Stall in Form einer riesigen Kuh, der auf einer friedlichen Wiese grast. Ein Haus in Gestalt eines Vogels, mit dessen Aufzucht

Der Kuhstall des Jean-Jacques Lequeu
gilt heute als eine
Mystifikation Marcel Duchamps.

der Bewohner sein Geld verdient, ist etwas anderes als ein Kuhstall, der
aussieht wie eine Kuh – eine Werbung, die, wie viele andere Arbeiten des
Künstlers, beinahe in die Vermarktungsstrategien des 20. Jahrhunderts paßt.

Neuerdings ist die Idee in akademische Kreise eingesickert, es handle sich
bei Jean-Jacques Lequeu, diesem verschrobenen Kauz des 18. Jahrhunderts,
der die verrückteste Architektur auf Papier ersann, in Wirklichkeit um Marcel
Duchamp, der seine Erfindungen in die muffigen Wälzer der Bibliothèque
Nationale einschmuggelte und unzählige Stunden damit verschwendete, einen
historischen Ort zu schaffen, wo ein paar hundert Pseudo-Fundstücke des 18.
Jahrhunderts ihr Dasein fristen mochten.

Falls das zutrifft und diese Mystifikation tatsächlich veranstaltet wurde,
dann sind die ungebauten Bauten des Jean-Jacques Lequeu in einer Weise
unmöglich, die kaum nachzuvollziehen ist. Im 18. Jahrhundert konnten sie nicht
gebaut werden, weil es sie damals noch gar nicht gab; heute können sie nicht
gebaut werden, weil sie so verjährt sind – in welche Richtung sie sich auch
wenden: Lequeus Entwürfe hocken in der Vorhölle und rennen sich überall den
Kopf an Unmöglichkeiten ein. Etwas ist faul an ihnen, wenn man sie als
Produkte des Monsieur Lequeu ansieht; andererseits hat man daran so lange

183

Der *Tatlin-Turm*.
Wladimir Tatlins Entwurf für ein
Denkmal der Dritten Internationale, 1919.

geglaubt, daß diese Werke keinen Weg zurück in die Gegenwart finden, weil der durch ein fest gewordenes Mißverständnis verlegt ist. Was bleibt, sind Werke, die beiden Zeitaltern oder keinem Zeitalter angehören, Schattenbilder von offensichtlicher Realität, deren Bedeutung auf immer im Zweifel bleibt.

Es gab einige Augenblicke in der Geschichte, wo unbaubare Entwürfe fast zur Mode oder zur Norm wurden; einer dieser historischen Augenblicke waren die ersten Jahre Sowjetrußlands. Auch in manch anderer Hinsicht wurden hier Konventionen in ihr Gegenteil verkehrt: die verachtetsten Gebäudetypen wurden mit symbolischem Prestige aufgeladen, man baute Häuser, die sich abmühen, wie Fabriken auszusehen, man errichtete Denkmäler von Arbeitern, die vertrauensselig und hoffnungsvoll am neuen Leben bauten – auf eine versteckte Weise waren das genauso bildhafte Verschrobenheiten wie die Kuh des Herrn Lequeu.

Wladimir Tatlins berühmtes *Denkmal für die Dritte Internationale* lehnt sich zur Seite, um seine dynamische Intention auszudrücken, und verletzt dabei alte

N. A. Ladovskys Entwurf
für einen Wohnblock
ausladend wie ein Kran, 1920.

Schönheitsregeln. Es nutzt die Ideologie der Maschine, indem es die Arbeit ausstellt und selbst sichtbar arbeitet – Räume sollten hier in drei verschiedenen Geschwindigkeiten rotieren –, um dadurch abstrakte Aussagen über den Kosmos darzustellen: ein Aufstand, der nach Ewigkeit strebt.

Weniger eindrucksvoll, aber einleuchtender in seiner Gedanklichkeit ist Ladovskys Versuch, einen Wohnblock als Arm eines riesigen Krans zu entwerfen, von dessen Ende man wirklich erwarten würde, daß dort Trossen herunterhingen. Sowjetarchitektur kann einfach nicht still und unbeschäftigt dastehen – hier vergißt sie in ihrem Bewegungsdrang sogar, daß es Stützen braucht, will man eine solche Bewegung in Permanenz festhalten. Das notwendige Bündel von Drahtseilen um die Spitze, der einzige Weg, wie sich der vorgeschlagene Umriß in etwa halten ließe, wird einfach fortgelassen. In den Augen des Architekten war die symbolische Praktikabilität für diese Wohnfabrik genug, weshalb er übersah, daß sein Entwurf in der Wirklichkeit unausführbar und damit eben auch unpraktisch war. Unter dem neuen Dogma des Häßlichen und der interessanten Unordnung schleichen sich auch ganz simple Fehler ein.

185

I. Tschernichow:
Entwurf für eine Fabrik
1930.

Mit den unermüdlichen Studien des verspäteten Konstruktivisten Tschernichow kommt man von Wohnhäusern, die wie Fabrikgebäude aussehen, zu *Fabrikgebäuden*, die wie Fabrikgebäude aussehen, und zwar in stärkerem Ausmaß, als dies üblich ist. Diese Serien bilden einen der eigenartigsten Kommentare zur Industrialisierung, der je vorgelegt wurde, weil er den Prozeß ins reine Bild umwandelt. Manche Entwürfe waren für einen speziellen Fertigungsprozeß gedacht – für den Bau von Flugzeugen oder Generatoren, oder für die Stahlproduktion – aber bei den meisten handelt es sich einfach nur um Fabriken im allgemeinen, um Versammlungen von Symbolen und Gesten, die zum Himmel hinauffragen: Kräne, Röhren und Laufstege.

Diese Entwürfe entstanden in den stürmischen Jahren des Ersten Fünfjahresplans, und man liest sie zunächst einmal als einen überschwenglich-optimistischen Ausdruck des Gefühls, daß nun alles möglich sei; die Imagination geht gerade ein paar Schritte weiter als die überall verbreitete Stimmung und ein wenig über das hinaus, was überall zu sehen ist.

Aber etwas stimmt nicht. Tschernichows Vorstellungen sind heraldischer und zugleich weniger in der Realität gegründet als jene frivolen Gartenpavillons, die in unvornehmer Hast alle nur möglichen Stile der Vergangenheit

Konstantin Melnikow:
Wettbewerbsbeitrag für den
Palast der Sowjets, 1933.

durchprobieren. Ihre Botschaft heißt eher: «Nichts ist möglich» – zumindest für die Architektur, nun wo sich Erfindung und Produktion vollständig voneinander geschieden haben.

In den frühen Jahren des Stalinismus werden einige der schönsten Entwürfe, etwa die gigantischen, bildhaften Bauten Konstantin Melnikows von der nachlassenden Überzeugung bestimmt, sie könnten nie gebaut werden. Melnikows Wettbewerbsbeitrag für den *Palast der Sowjets* entspricht den russischen Realitäten besser als der Entwurf Le Corbusiers, ist aber – nicht anders als der Siegesentwurf Iofans – weiter von der Ausführbarkeit entfernt. Das politische Klima trieb Architekten dazu, das Unausführbare zu imaginieren; dann machten sie sich gelegentlich erbötig, die Bauten auszuführen, und konnten dieses Versprechen nicht halten.

Aus vielerlei Gründen ist es wohl als ein Glück zu bezeichnen, daß Melnikow diesen Wettbewerb nicht gewann. Sein Entwurf ist effektiver sozialistischer Realismus, ganz anders als die todeswunde Spielart, die die Wirklichkeit bestimmte. Und dennoch, trotz all seiner Erfindungsgabe hätte sein Bau eine der niederdrückendsten Tatsachen auf Erden geschaffen. Er verbindet zwei völlig unvereinbare Großformen mit antikem Stammbaum – die Pyramide

Konstantin Melnikow:
Projekt für ein Komissariat
der Schwerindustrie, 1934.

und das Kolosseum: das Diagramm einer Gesellschaft, die zwischen Aufwärts-
drang und Unterdrückung zerrissen ist, zwischen der lastenden, nach unten
strebenden Masse und einem muschelförmigen Expansionsdrang. Das Ganze
wirkt, auch bei allergrößtem Maßstab, wie zerbrochen. Wie bei den Concetti
eines barocken Gedichts wird die Realität hier gewaltsam zu neuen Formen
verrenkt.

Wenige Jahre später scheint es, als wolle Melnikow mit seinem Entwurf
für ein *Kommissariat der Schwerindustrie* Rache üben; er zeichnet das größte
M auf der Welt. Viel seiner Energie verlor sich in düsteren Piranesischen
Perspektiven, in endlosen Treppenfluchten, die man durch ein heroisches
Zahnradportal betreten mußte, um schließlich das Gebäude viele Stockwerke
über dem Erdboden zu erreichen. Hier ließe sich kein Behördengang erfolgreich erledigen. Das Gebäude war schon deshalb unbaubar, weil der Besucher
nie genug Zeit gehabt hätte, um es zu erfahren.

Man könnte behaupten, daß es sich um eine wohlüberlegte architektonische Unmöglichkeit handle: ein Gebäude, das absichtlich so groß ist, daß es

Melnikows Portal- und Treppenentwurf
für das Komissariat der Schwerindustrie
gerät auf piranesische Abwege.

sich außerhalb des menschlichen Maßstabs begibt, weil man es einfach nicht mehr durchqueren kann – ähnlich wie ein Gebäude, das man absichtlich mit Wasser, seinem mächtigsten Feind, überflutet. Aber wenn es auch scheint, daß uns Melnikow hier ein solches Paradox aufgegeben hätte, bietet er nichts als ein realistisches Bild davon, wie die Maßregelung des modernen Lebens in der Sowjetunion die Architektur nach und nach und für eine geraume Zeit in die Unbaubarkeit getrieben hatte.

Nachgedanken:
Variation oder der Schloßpark in Glienicke

Der Leser, überrascht vom plötzlichen Verstummen seines Erzählers, der ihn bis hierher an der Hand genommen und durch eine Geschichte der Architektur und Kunst geführt hatte, die er so nicht kannte, sieht sich verdutzt um in der gezeichneten Welt des Unbaubaren, wo man ihn zurückließ. Er vermeint, man habe ihm den Weg abgeschnitten, der so schön paradox angelegt schien. Von Überraschung zu Überraschung geführt, hatte der Besucher dieser für ihn zugerichteten Spiegelkabinette aus Verbürgtem und Unantastbarem schon vor jeder neuen Biegung das Staunen vorausgefühlt, das auf ihn wartete. Doch nun hat sich der Autor leise entfernt und unausgesprochen hinterlassen: das kann noch nicht alles gewesen sein, und ist (bis zum nächsten Buch) auf Nimmerwiedersehen verschwunden.

Szenenwechsel:

Der Schloßpark von Glienicke. Der Weg beginnt innerhalb einer Zeichnung. Wir treten ein in den Bildraum der Zeichnung, schieben das Dickicht der schlaufigen Striche zurück, werden gestreift von den kurzatmigen dornigen Zick-Zack-Strichen, bewegen uns vom Vorhang des Vordergrundes zu dem Strichgeschehen im Hintergrund, spüren die Räumlichkeit im Blatt, sehen den Diagonalen zu, wie sie sich vom Blatt heben und in die Tiefe führen, ein um das andere Strichmuster versickert, hinterläßt eine Leere, doch die Leere kann nicht bleiben, weil die unruhigen Striche Platz um sich brauchen, um ihn mit ihrer Bewegung auszufüllen.

Das Blatt, vor dem der Leser steht und in dem er sich zurechtfinden soll, reflektiert die „Große Neugierde oder das Monument des Lysikrates", was kein Zufall ist; denn es war die Neugierde, die ihn bis hierher geführt hat.

Das Monument, das eigentlich nur ein Aussichtsplatz ist, besteht aus drei Säulentrommeln übereinander, deren untere die Säulen weit abrückt vom Kern, deren mittlere die Säulen als Halbsäulen eng an den Kern preßt, deren obere sich als Dreifuß gebärdet. Die Übergänge von einer Säulentrommel zur anderen werden aus Kegelstümpfen gebildet, das Ganze steht wiederum auf einem aufgeschütteten, mit Gras bewachsenen Kegelstumpf, als wäre es nur ein Teil einer nie endenwollenden Fortsetzung nach oben oder nach unten.

Bevor es gebaut wurde, hatte Friedrich Wilhelm IV. für Karl Friedrich Schinkel vielerlei Varianten für eine „Rundlaube" auf Serviettenränder skizziert. Sie verwandelten gemeinsam und jeder für sich die kleine Form hin und zurück, und nur eine der vielen Varianten wurde in den Park gestellt, die anderen blieben im Gedächtnis.

So ist das kleine Bauwerk ein Bauwerk der Reflektionen, es reflektiert die Antike als Erinnerung (denn dort steht das eigentliche Denkmal des Lysikrates), es reflektiert die Serie der Serviettenbildchen, es reflektiert sich selbst von

Aufsatz zu Aufsatz, von Schicht zu Schicht, es reflektiert die Regeln, durch die es zustande kam, es reflektiert den Gedanken der nie endenwollenden Variantenreihe – und die Zeichnung reiht sich in die Kette der Reflektionen ein.

Was geschieht nun auf dem Blatt, das eben gerade entsteht, was verwandelt sich wie? Die Horizonte, die das Bauwerk übereinanderschichtet, kann das Blatt Schicht um Schicht wiedergeben, das Räumliche des Denkmals aber verwandelt sich in ein anderes Räumliches in der Zeichnung, das aus schweren und leichten Strichen, übereinander geschichteten Strichen, aus Diagonalen (die ganz und gar nichts mit Perspektive zu tun haben) und der Leere zwischen den Strichen entsteht.

Die Verführung des Zeichners durch das Bauwerk ist groß; denn es gibt sich als Kostbarkeit, seine Kanten sind umrandet und mit Gold verziert. Wie leicht wäre es hier, der Vorlage einfach nachzueifern, das Ornament nachzubilden, das sich dem Auge und dem Stift geradezu aufdrängt – und ist es nicht die Sehnsucht des Zeichners, Ornamente auf dem Papier entstehen zu lassen? Doch jede allzu ähnliche, illustrative Abbildung ist dem Zeichner suspekt, beinahe verhaßt – wie dem Autor des Buches jede verbürgte oder allzu offensichtliche Erklärung suspekt ist. Aber, so denkt der Zeichner weiter, allzu weit darf sich die Zeichnung nicht entfernen von dem Kleinod auf dem Hügel und von dem, was es erzählt; die Verständlichkeit, als Nähe zum Gegenstand, muß erhalten bleiben, um des Gegenstandes willen und für ein Publikum.

Der Glienicker Schloßpark ist ein Ort, der sich selbst erzählt, aber wie ein wirklicher Erzähler nicht logisch, nicht folgerichtig von einfach zu kompliziert; die baulichen und gärtnerischen Episoden werden gegen die Erwartung gemischt, durchgeschüttelt, sie folgen einander im Rösselsprung, alles erscheint wie zufällig ausgestreut und ist doch sorgfältig geplant. Nichts kommt in diesem Park, der zwischen Architektur und Natur nicht unterscheidet, nur einmal vor. Zu allem gibt es eine Entsprechung, eine Verwandlung, eine Variante, in allernächster Nähe oder an einem weit entfernten Ort.

Am Eingang die Löwenfontäne: Wassersäule, Baum-Senkrechte, Löwenstelen. Die aufsteigende Wassersäule steht labil, sie wächst hoch und zerfällt, der Baum steht aufrecht und birst in eine Krone, die der Wind bewegt, die Löwenstelen haben Steinkanneluren und sind doch aus Zinn, sie stehen unten fest und sind oben abgeschnitten und mit Plattformen beschwert, auf den Plattformen sitzen Löwen, kaum daß sie genügend Halt finden dort oben, nur eine Bewegung und sie stürzten hinab. Dreimal werden die gleichen Eigenschaften sichtbar: unten fest, dann aufgerichtet, oben labil. Dreimal erscheinen die Eigenschaften in einem anderen Medium und verwandeln sich, dem Medium entsprechend. Die gleichen oder fast gleichen Regeln bringen Varianten in der Erscheinung hervor, und erst durch die Varianten wird die Regel sichtbar.

Von außen kommend wäre man zuerst an der Mauer stehengeblieben, nein, nicht stehen geblieben, sondern durch ein Portal eingetreten in diesen Garten, um dann aber von der Mauer nicht mehr loszukommen. Die Mauer lädt ein, ihr zu folgen, wie sie sich Schritt um Schritt verwandelt. Sie beginnt aufs Einfachste, mit einem vorspringenden Sockel aus Glattputz, darüber hohe Steinschichten, in Nutenputz geritzt. Oben ein Streifenornament aus Terrakotta mit Öffnungen. Nach dem ersten Pfeiler verwandelt sich der Sockel, er besteht jetzt aus geschichteten Natursteinquadern mit deutlichem Vorsprung und wird durch ein Klinkerband betont. Die einfachen Mittel bleiben, aber sie artikulieren sich schon lauter. Die kleinen Öffnungen des Terrakottabandes werden nun zu einer einzigen mauerhohen Öffnung, die als Eingangsportal die Mauer durchbricht. Das Ornament wird zum Aufsatz. Nächster Mauerabschnitt: das Stibadium. Es wird, obwohl mitten auf dem Weg, in der Beschreibung ans Ende gesetzt, weil es einen gewaltigen Verwandlungsschritt außer der Reihe, also gegen die Erwartung tut. Ein Stück weiter eine Scheinöffnung, die als Konche halbkreisförmig geschlossen ist. Die horizontale Schichtung äußert sich laut in schwarz-weißen Streifen, der Sockel springt vor als Konsole. Die wenigen, ganz einfachen Regeln machen sich immer deutlicher und bringen immer kostbarere Ausführungen hervor.

Der Weg steigt an. Die Schichten laufen horizontal gegen die Neigung des aufsteigenden Weges und werden so als Horizontale überdeutlich; denn die Neigung des Hangs wird von der Bekrönung der Mauer nachgezeichnet. Jetzt löst sich das horizontale Fugennetz von der Mauer, wird Metallgitter, wird räumlich, wölbt sich, die Gitter sind rautenförmig verzerrt, weil sie der Neigung folgen. Der Schatten des Rautennetzes überlagert die Horizontalen der Mauer.

Blick zurück: das Stibadium. Es bricht aus und ist doch Teil der Mauer. Die bisherige Horizontalen werden zu neuen Horizonten. Die Konche weitet sich und wird zum halbrunden Sitzplatz, der Sockel springt weit vor, dem Aufsatz über dem Portal entspricht das angehobene halbrunde Dach. Auf die Konche gibt es noch eine andere Antwort: die vorgelagerten halbrunden Wasserbecken.

Und wie sich die Mauer verwandelt, verwandeln sich die Pergolen, die an vielerlei Orten im Park zu finden sind: von der Pergola aus einfachen Pfeilern mit ausgemauerter Laibung am Wasser über die herrschaftlichen Pfeiler neben dem Kasino bis zu den vermoosten Bruchsteinpfeilern mit Mäuerchen im Wald. Die Materialien, der Maßstab, die Muster verwandeln sich, Starres wird bewegt, Einfaches kostbar. Die Bauwerke, die in diesem Park wie zufällig ausgestreut sind, bestehen in sich schon aus lauter Verwandlungen von Nische zu Nische, von Fensterreihe zu Fensterreihe; sie geben die Verwandlungsschritte weiter an das Nachbarhaus, aber sie variieren einander auch, wenn sie weit entfernt stehen.

Die Augen, geführt durch die Regeln, die sie in Varianten wahrgenommen haben, suchen weitere Varianten der gleichen Regeln, lassen sich weiterziehen, immer weiter, erwarten, imaginieren die möglichen Orte, die möglichen Verwandlungen schon vorweg. Auf diesem Weg der Varianten gibt es keine Reihenfolge, keine Rangfolge, kein bestimmtes Vor und Zurück, und der Besucher, der sich so weit eingelassen hat mit dem Ort, wirft seine Vorstellungen seinen Schritten voraus. „Etwas, das nicht variiert ist, gibt es nicht," sagt er sich.

Und verläßt frohgestimmt den Weg der Kunstgeschichte, auf dem ihm bisher nur das begegnet ist, dem schon ein Platz in der Geschichte zugewiesen war, und nichts sonst. Und er tut das um so lieber, weil er jene neue Wegführung durch alte Tatsachen von Robert Harbison bis eben noch so genossen hat. Die Verwandlung der Bedeutungen hat es ihm angetan, schon traut er sich zu, die Geschichte in Varianten zu lesen, oder besser, aus den Varianten Geschichten zu lesen, oder noch besser, der Verwandlung der eigenen Erkenntnisfähigkeit zuzusehen. Das Unbaubare, was soll ihm das, wenn ihn doch das Gebaute, das, was ist, schon über alle Grenzen hinausführt? Oder anders, könnten es die Varianten sein, die dem Unbaubaren hätten auf die Sprünge helfen können? Vielleicht, weil sie die Ironie in der Sache selbst bergen.

Johannes Uhl
Juni 1994